本书由中国人民公安大学网络空间安全与法治协同创新中心资助出版

反恐背景下的信息技术革新研究

以视频序列中的行人检测与跟踪为例

刘钊·著

时事出版社

序 言

  行人检测与跟踪是计算机视觉和模式识别领域的热点研究问题之一，在智能视频监控、智能交通、视频侦查和反恐以及人机交互等领域有着广泛的应用。行人受到视角、姿态、尺度变换，以及局部遮挡等影响，外观常发生很大的变化，从而给检测和跟踪带来一定的困难。本书从行人目标的稀疏特性着手，从有效描述行人目标的特征、增强外观模型的区分度和对行人形态变化进行部件建模等方面进行了深入研究。

  本书的主要贡献包括：提出了用于行人检测的深度通道特征。在常见的通道特征的基础上，结合深度学习，从底层特征入手，通过深度神经网络在底层通道特征的指引下，有目的地学习能表示中层或更高层次的特征。特别是，对于深度通道特征的学习并非经预先设计，而是直接利用深度神经网络提取特征的能力，在已经有底层含义的通道特征上通过非监督学习获得。在公共数据集上的实验表明，所提出的深度通道特征可以充分描述行人的外观特性，有效地提升行人检测的性能。

提出了多类别判别式字典学习方法并用于行人跟踪。从提高字典学习的区分度入手，在增加稀疏度的限定条件的帮助下，引入表述普遍信息的共享字典和表示类别特定信息的类别相关字典，并且在贝叶斯推理的基础上，讨论了分类决策依据和为了适应行人外观变化而进行的模型更新，实现了对行人目标的有效跟踪。在公共数据集上的实验表明，所提出的基于多类别判别式字典学习的跟踪方法可以有效地跟踪行人。

提出了基于多分量可变形部件模型的行人跟踪方法。将可以表述部件和部件之间关系的、可以随着目标形变而不断更新的可变部件模型作为行人外观表现，同时利用多个不同外观或表现的可变部件模型以适应行人外观的变化，维护多个描述目标不同外观的分量，通过图像解析估计行人位置，以最大后验概率选择最优位置作为跟踪结果。同时，为长时间跟踪目标，在模型不能很好地表现现有行人外观的情况下，利用行人检测方法，进行全局行人检测，协助跟踪算法进行错误恢复。在公共数据集上的实验表明，所提出的基于多分量可变形部件模型的行人跟踪方法可以有效地跟踪行人。

Abstract

Many intelligent video systems take pedestrian as primary target for analyzing. Subject to pose, scale and perspective changes, the appearance of pedestrian changes gradually. Thus, the detection and tracking algorithms expose to many difficulties. As a major element in pedestrian detection and tracking algorithms, pedestrian modeling contains features description, appearance modeling, appearance changing handling, etc. This thesis takes sparsity of the pedestrian object in video sequence in to consideration, finds the feature set which represents the appearance of the pedestrian well, increases the discriminability of the appearance model, and models the deformity of the pedestrian appearance. The main contributes of this thesis include:

We present a novel deep channel feature for pedestrian detection. Channel features have been approved effect in pedestrian description. Lacking the mid-level or high-level information, channel features don't provide meaningful semantic information. Instead of using hand-crafted features, our method automatically learns deep features by introducing a convolutional neural network. The network is pre-trained by the unsupervised sparse filtering and learns a group of filters for each channel. We developed appearance-based pedestrian detection model using a mixture of the deep channel features with other low level channel features. Test results shows that our detectors also outperform many current state-of-the-art algorithms in both effectiveness and efficiency on public datasets.

We present a jointly learning multi-class discriminative dictionary for pedestrian tracking. Our method exploits concurrently the intra-class visual information and inter-class visual correlations to learn the shared dictionary and the class-specific dictionaries. By imposing several discrimination constraints into the objective function, the learnt dictionary is reconstructive, compressive and discriminative, thus can achieve better discriminate the object from the background. Tracking is carried out within a Bayesian inference framework where the joint decision measure is used to construct the observation model. Test results on public datasets have demonstrated that our tracker resists distracters excellently and generally outperforms existing methods.

We propose a novel online deformable part-based model (OLDPM) for pedestrian modeling and tracking. Motivated by the observation that the appearance of a pedestrian varies a lot in different perspectives or poses, we propose a multiple components model to represent distinct groups of the pedestrian appearances. Each component uses with one root and several shared parts to represent the flexible structure and salient local patterns of one particular appearance. The top-down model extends the bottom-up model by introducing newly created OLDPMs for uncovered new appearances. The quantitative and qualitative experiments on challenge visual sequences validate our algorithm.

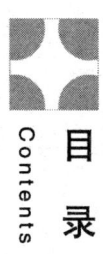

目录 Contents

前　言　信息技术革新与新形态反恐 …………………………………… 1

第一章　行人检测与行人跟踪研究现状 ……………………………… 17

　　第一节　研究的目的和意义 ………………………………………… 17

　　第二节　国内外研究现状和发展趋势 ……………………………… 18

　　　　一、行人检测研究现状 ………………………………………… 20

　　　　二、目标跟踪研究现状 ………………………………………… 31

　　第三节　行人跟踪与检测算法展望 ………………………………… 38

　　第四节　研究内容 …………………………………………………… 39

　　第五节　本书结构 …………………………………………………… 39

第二章　基于深度通道特征的行人检测 ……………………………… 41

　　第一节　引　言 ……………………………………………………… 41

第二节　深度卷积神经网络与稀疏滤波 …………………… 42
　　一、深度卷积神经网络 ………………………………………… 43
　　二、稀疏滤波 …………………………………………………… 47
第三节　深度通道特征 …………………………………………… 50
　　一、行人通道特征和深度通道特征 …………………………… 52
　　二、深度通道特征的提取 ……………………………………… 53
　　三、用于行人检测的特征构成 ………………………………… 54
第四节　基于深度通道特征的行人检测 ………………………… 55
第五节　实验结果 ………………………………………………… 56
　　一、实验设置 …………………………………………………… 56
　　二、对比分析 …………………………………………………… 60
　　三、决策树个数的影响 ………………………………………… 62
　　四、未识别情况分析 …………………………………………… 62
第六节　小　结 …………………………………………………… 65

第三章　基于字典学习的行人跟踪方法 ……………………… 66

第一节　引　言 …………………………………………………… 66
第二节　非冗余限定的字典学习 ………………………………… 67
　　一、字典学习在分类与跟踪中的局限性 ……………………… 68
　　二、增加字典学习区分度的非冗余限定条件 ………………… 70
第三节　多类别判别式字典学习跟踪算法 ……………………… 74
　　一、多类别判别式字典学习 …………………………………… 74
　　二、跟踪算法与字典更新 ……………………………………… 75
第四节　实验结果 ………………………………………………… 80

一、实验设置 ……………………………………………………… 83

　　二、整体性能比较 ………………………………………………… 85

　　三、特殊预设状态性能比较 ……………………………………… 86

　　四、初始化对跟踪器性能的影响 ………………………………… 87

第五节　小　结 ……………………………………………………… 89

第四章　基于多分量可变部件模型的行人跟踪 ………………… 90

第一节　引　言 ……………………………………………………… 90

第二节　行人可变部件模型及其初始化 …………………………… 91

　　一、初始化可变部件 ……………………………………………… 94

　　二、初始化 INCSVM ……………………………………………… 95

第三节　多分量可变部件模型 ……………………………………… 97

第四节　可变部件模型跟踪算法 …………………………………… 98

　　一、跟踪目标函数 ………………………………………………… 98

　　二、跟踪框架 ……………………………………………………… 99

第五节　自顶向下与自下而上相结合的跟踪框架 ………………… 102

　　一、结合自顶向下策略的跟踪错误恢复 ………………………… 103

　　二、多分量可变模型的更新 ……………………………………… 104

　　三、难度负样本处理 ……………………………………………… 106

第六节　实验结果 …………………………………………………… 107

　　一、困难负样本对跟踪效果的提升 ……………………………… 108

　　二、算法定量对比 ………………………………………………… 109

　　三、算法对比定性分析 …………………………………………… 112

第七节　小　结 ……………………………………………………… 119

第五章 结论与展望 …… 120

第一节 全书工作总结 …… 120
第二节 未来工作 …… 121

参考文献 …… 123

后　记 …… 140

前 言　信息技术革新与新形态反恐

恐怖主义伴随着人类历史的发展而不断进化蜕变，并跟随世界政治格局、经济形势和科技发展而呈现出不同态势。中国社会科学院世界经济与政治研究所研究员邵峰在总结新形势下反恐形势时指出，世界反恐形势愈加严峻，恐怖分子从伊拉克、阿富汗、叙利亚回流到欧美国家的现象增加，如何应对这些回流的极端人员可能发动的恐怖袭击是让人头疼的问题；恐怖分子混入难民中进入欧洲，因此形成的现实威胁和潜在的心理威慑将长期存在，对欧洲的政治、社会、安全局势构成严重挑战。

中国的反恐形势同样不容乐观。自2007年以来，中国境内恐怖主义活动进入活跃期。2008年西藏拉萨地区"3·14"打砸抢烧暴力事件导致18人死亡，382人受伤；2009年新疆乌鲁木齐"7·15"打砸抢烧暴力事件导致197人死亡，1700多人受伤；2015年"9·18"新疆拜城煤矿暴恐事件造成11人死亡，18人受伤。上述种种，说明中国面临的恐怖主义威胁趋势严峻。

新形态恐怖主义呈现出多种新的特点，其中最显著的特点一是"独狼"式恐怖袭击增多，二是恐怖主义与信息技术革新相结合。

"独狼"式恐怖袭击，相对那些有组织的恐怖袭击活动而言更加难以防范。近年来，国际社会的主要注意力都集中在宗教型恐怖主义和民族分离型恐怖主义方面。这些恐怖主义逐步开始呈现从多人共同作案向分散式少数人作案或单人作案的转变。除了传统的极端宗教恐怖主义、极右翼恐怖主义、极端民族主义恐怖活动以外，当前出现的单一问题恐怖主义，即各种由于对某个具体问题不满，某些势力或个人对社会展开的恐怖袭击广泛存在于国际社会，在西方国家尤为突出。比如，欧洲的新法西斯主义出现上升势头，对难民、移民的个别攻击时有发生；对同性恋问题等一些社会现象抱有极端不满情绪的激进分子也有可能制造恐怖袭击，2016年6月12日，美国佛罗里达州奥兰多市"Pulse"夜总会针对同性恋群体的枪击案造成50人死亡。图1对2008年至2017年国内主流媒体公开报道的除西藏"3·14"事件和新疆"7·5"事件以外的共45件暴恐案件中的涉案恐怖分子人数进行了分析，绝大多数为5人以下的小规模恐怖袭击。在5人以下的小规模袭击中，有一半以上是由1至2人实施的。

恐怖主义与信息技术革新的结合彻底改变了恐怖活动的行为方式。随着互联网、社交平台甚至暗网在恐怖活动中的作用日趋上升，恐怖组织进行行动联络、袭击策划、人员招募和思想传播的主要途径已经发生了彻底改变，社交平台成为国际社会同恐怖组织斗争的新战场；信息的产生、传播、更新速度达到了前所未

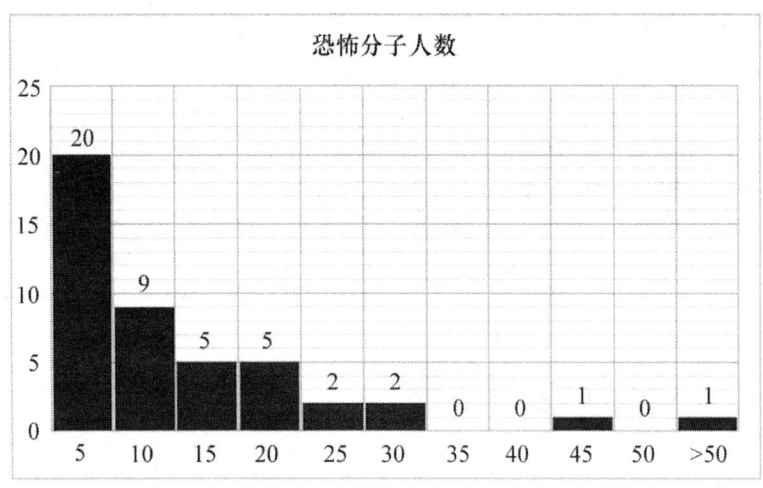

图 1　涉案恐怖分子人数

有的迅速，对恐怖主义宣传、涉恐信息等方面的管控也承受着前所未有的压力。随着 3D 打印、无人机技术和人工智能的发展，恐怖袭击的手段也从枪击、冷武器袭击、自杀式爆炸等等发展到多方面多层级的袭击。例如，ISIS 广泛采用无人机进行恐怖袭击，极大地降低了恐怖活动的成本，减少了恐怖分子自身的风险。

新形态下中国面临的恐怖活动的主要趋势包括：一是在新疆地区恐怖主义袭击事件仍有发生；二是境外的恐怖袭击对中国的海外利益和人员安全构成严重威胁，2016 年以来连续发生了多起伤害中国公民和机构的恐怖袭击；三是"一带一路"沿线国家的反恐形势恶化对中国的周边环境安全和推进"一带一路"建设构成现实的重大威胁。在反恐形势恶化的压力下，中共中央总书记习近平多次围绕反恐维稳主题发表了一系列重要讲话，特别是在对做好新疆稳定工作的重要讲话中强调"对暴力恐怖活动，必须保持严打高压态势，先发制敌，露头就打，打早、打小、打苗头"。从中可见，习近平同志对于反恐斗争中的事前预警和打击、事中及时响应提出了明确的要求。以预防代替处置将会在未来的反恐工作中占据更为重要的地位。

一、新形态反恐的技术融合

抛开对恐怖主义根源和国际恐怖主义演变的研究，单纯从新形态恐怖事件发生前的预警、发生时的快速响应和发生后的善后与总结等环节所需要的新技术的角度，将恐怖事件视为独立或连续的突发性公共安全事件，则新形态的反恐必然需要新的技术提供支持。新技术可以是信息技术、生物技术、机械制造、光学遥感技术、系统集成技术等一种或多种技术的融合。

（一）信息技术革新的反恐应用场景

信息技术革新的六大技术能够提供巨大的反恐潜力，包括系统集成技术、生物识别、非致命性武器、数据挖掘、纳米技术和定向能武器。尽管我们在不同领域都或多或少地取得了一些进展，但技术的发展永远是把"双刃剑"。如今互联网加密技术及移动互联网的成熟使恐怖主义活动更加难以预测。在智能技术的反恐应用上，成果还不足够显著，不过至少人工智能领域的突破让我们看到了一丝曙光。

每一次认知科学的进步都会带来信息技术的革新。从人类发现神经细胞的结构和功用开始，随着神经科学和脑科学的不断发展，以神经网络为代表的一系列机器学习算法得到了重视和飞速发展。没有花费太久的时间，深度学习已经攻克了计算机视觉领域的许多难题，包括人脸识别、车辆跟踪、目标分类等等。人脸识别已经逐步开始在交通枢纽投入使用，[①] 视频跟踪和检测系统在目标跟踪与识别、自动防卫区域划定等领域的研究逐渐深入等（Ge et al. n. d. ）。

图 2　2016 年 12 月 19 日俄罗斯驻土耳其大使 Андре́й Геннá́дьевич Кá́рлов 被刺杀现场视频截图，恐怖分子 Mevlüt Mert Altıntaş 在背景中焦虑地无目的移动，其动作与一般安保人员差别较大。

① "北京站试运行'刷脸'进站使用人脸识别技术"新华网，http：//travel. news. cn/2016 - 02/05/c_ 128705565. htm。

(二) 情报与信息获取的智能化、前瞻化和时效性

新形态下的恐怖主义袭击越来越针对大型城市和密集人群，且从多人共同作案逐步向分散式少数人作案或单人作案转变。2016年以来接连发生的法国巴黎、俄罗斯圣彼得堡、瑞典斯德哥尔摩等针对人群的恐怖袭击，和针对俄罗斯驻土耳其大使的刺杀，都是由单人或者有限的几人完成的，事前、事中和事后都没有大规模的协作，暴恐发生前也没有产生足够引起重视的信息流以用于前期情报的获取。依靠传统线索的情报获取模式面临越来越严峻的挑战。

一方面，分散式、独狼式的恐怖袭击在酝酿和形成阶段产生的信息震荡幅度非常小，恐怖分子不再广泛、频繁地联络，很难激活传统情报和信息获取网络的重视。另一方面，即使捕捉到这类恐怖袭击的蛛丝马迹，要么其时效性通常相对滞后，不足以及时采取应对措施，甚至经常在恐怖袭击发生后才建立相对完整的情报信息获取机制；要么由于信息量稀少和不足，指向性和准确性较差，嫌疑人身份很难确定。涉嫌面积过大，全面铺开式的防范形成过高的应对成本，无法形成完整的证据链条，从根本上阻碍了提前部署针对嫌疑人的行动。新形势下恐怖活动的特性对情报信息获取的智能化、前瞻化和应急化提出了新的要求。

情报与信息的获取需要进一步智能化，要求利用以人工智能为代表的信息技术，针对重点时间、重点地点的重点情报、重点信息实现自动获取。同时，从大量的背景信息数据中识别微弱的信息振幅，并利用强化学习、数据挖掘等信息技术聚焦、放大情报信号，

从海量的事前信息中筛查出具有明确意义的信息并赋予一定的置信度，以替代单纯依靠人工获取情报的传统做法。

同时，信息并非是孤立和互不联系的，与恐怖活动有关的信息可能非显性地包含在其他信息之中。在信息化时代，每个人的日常生活都会产生大量的数据，留下清晰的数据踪迹。在实际的经济学研究中，电量数据隐性的真实反映了以地产业或制造业为主的区域经济走向（林伯强，2003）。与此类似，数据中蕴含的涉恐信息也常常不能够显性地表达恐怖活动。以互联网金融信息为例，新形态下恐怖组织的网络敛财已摆脱原始的汇兑募捐方式，而是朝着智能方向发展：① 利用互联网金融，特别是移动互联网金融产品进行洗钱和恐怖主义融资，规避监管措施，加快融资速度，同时避免产生面对面交易的风险；通过黑客攻击和木马软件，窃取银行信息，获得银行卡、信用卡密码，盗取钱财；或者操纵网上博彩业，通过网上洗钱筹资。上述金融信息虽然不直接表达已经发生或者正在筹划的恐怖活动，但追踪这些信息可以辅助挖掘恐怖组织的人员关联、活动频率、关注目标等重点信息。

情报信息的特性决定了其特征矩阵一定具有稀疏的特性，即同一时刻只有少量的特征被激活。同时，情报信息的复杂性必然导致事前信息具有较高的维度。因此，从高维度数据中学习到与恐怖活动关联度较高的维度，并进行有效的降维也需要采用传统的或者智能的数据降维、感知、压缩和聚类等算法。

---

① 吴朝平："移动互联网背景下反洗钱和反恐融资研究"，《南方金融》2014 年第 10 期，第 89—90 页。

利用考量先验知识的信息技术增强信息获取的前瞻性和时效性。针对新形势恐怖主义轻量化的特性，情报信息的获取必须快速并且具有一定的前瞻性，晚于特定时间节点得到的信息的价值必然大打折扣。例如，对于试图采用爆炸等手段进行的恐怖袭击，利用计算机视觉等信息技术，提早发现可疑人员、可疑滞留物等，及时采取疏散等响应措施，可以有效减少爆炸带来的人员伤亡和财产损失。

在此基础上，利用机器学习等人工智能技术对获取的信息进行预处理，如增强数据的可读性，或对数据进行可视化处理，可方便对情报信息的预判与对恐怖袭击的预警和预测。

（三）智能化的事中快速响应

新形态下的恐怖事件作为突发性公共事件，自事件发生时起，往往伴随着人员伤亡、财产损失、现场混乱以及不顺畅的信息传播等非可控的局面。事件发生时得到的信息种类繁多，噪声很大，现场信息获取与自动研判对恐怖袭击情况判断、现场处置方案设置、恐怖分子识别与追踪等具有重要意义。而且，网络舆情管控与引导、应急管理等工作也需要大量的智能技术辅助。

恐怖事件发生时，如何获取准确、有效的信息尤为重要。然而，在恐怖事件发生的时候，相关信息的产生往往呈爆炸式增长，大量无用的、充满噪声的信息会极大地干扰对现场态势的判断。在恐怖袭击时，现场信息可以分为直接获取的采集性信息或者间接获取的描述性信息，相对于前者，后者的置信度较低。以爆炸类恐怖袭击为例，为了解爆炸物属性、爆炸损害等现场信息，可以运用光学传感器、视频监控信号、多通道感知（声、视频、气味等）信息等多种现场信息采集手段，直接采集到的信息可以分为视觉信息、光学信息、气象信息等直接数据信息，或者生产信息、社会信息等非直接数据信息。

表1 暴恐现场采集主要信息类别

信息分类	信息名称	采集内容
视觉信息	场景信息	场景图像、警示警告标识等
视觉信息	监控信息	行人、车辆、可疑滞留物等
光学信息	光谱信息	大气光谱等
光学信息	热成像	温度、燃爆区域等
自然信息	环境信息	植被、生态、污染等
自然信息	地理信息	道路、河流、山脉、工业区等
自然信息	气象信息	气象情况、预报、极端天气预警等
社会信息	经济信息	人口数量、工业商业信息等
社会信息	生产信息	区域内生产、存储等信息
……	……	……

在突发现场信息采集的基础上，实现对突发现场信息的分析与研判，必须要依靠智能信息技术。例如，对表1中采集到的视觉信息的处理，如果不依靠智能技术只靠人力资源，那么面对多个视频监控产生的海量视频信息时，就需要大量的人力对视频进行人工的处理和判断。同样地，人力资源往往只局限于相应职业、技能领域之内，很难达到多领域的协同。视频处理人员很难同时考虑到地理自然信息对恐怖活动的影响和制约。

（四）恐怖事件后的善后与分析

恐怖事件带来的后续影响常常是深远的，既包括实际的生命、财产损失，也包含无形的心理或精神损失。针对恐怖事件的善后处理研究，往往只聚焦在事后对信息的管控、损失的重建和补偿等方面，使得对恐怖事件之间的相似性、关联性、可预防性的分析不够全面。

恐怖事件不是孤立的，事后分析和追踪需要进一步采用数据挖掘、可视化网络、人工智能、人脸识别结果等现有数据，对预判、预警、预测的智能模型进行训练，增强智能模型的判别能力，以便更好地应对未来可能发生的恐怖袭击。

（五）现有技术和策略的局限性

首先，从各种信息技术本身来讲，要实现完全的智能化还需要投入大量深入的研究。现阶段对涉恐信息的边界定义还比较模糊，手动设计涉恐信息特征还存在较大困难，对涉恐特征的理解还未形成足够的理论。数据挖掘技术虽然已经逐步开始应用到犯罪侦查等方面，但是在应用层面更多情况下仍局限于关系网聚类等辅助应用，自动性和自主性远远不够。涉恐信息的采集还不够完备，很难形成有效的训练集，因此深度强化学习等全新的人工智能算法用于反恐预测领域的机会还不明朗。人脸识别技术虽然已经取得了较大的进步，但受限于训练数据集的不完备，更多还采用比对的算法，而针对高危人员的面部特征采集还不够完备。视频跟踪技术虽已经得到长足发展，但面对复杂的场景和严重遮挡情况时仍存在一定的困难，长时效跟踪的研究需继续深入，多监控机位协同跟踪等需要其他辅助信息的监控在应用领域的发展还面临不足。

其次，从技术融合角度来看，要实现不同种类信息的智能分析还需要大量的研究工作来支持。如何结合各类型信息融合多种方法协同进行信息分析和研判，是需要重点研究的。例如在当前阶段，各类部门的指挥中心产生的海量视频录像往往只单一地用于案发事后的人工调用，在面对反恐态势时宛如大海捞针，很难实现有效的迅速反应。现阶段多中心、多平台之间不能联通联动，更没有智能协作技术支持，很难对涉恐信息进行智能判别。

再次，从反恐信息交互策略层面来总结，一方面，基于我国国内各政府机构、社会团体性质，银行、电信等产业公司的管理和经营模式，很难制定多方协同、标准化等信息共享的办法。另一方面，国际合作与协作的反恐工作限于信息尺度，也很难共享大数据的交互价值。[①] 但在面对新形态反恐趋势，特别是预防"独狼"恐怖主义袭击时，考虑到这些隐性恐怖分子并不会产生很大的涉恐社会信息，因此单纯依靠单独某一类型的信息已经很难判断其潜在危险，只有全面结合金融、社交网络、位置轨迹、电信通讯等多方面的信息，才有可能在其社会活动轨迹中预测一定的涉恐风险，或者在其社会活动轨迹没有凸显涉恐迹象的情况下，在恐怖事件发生时，能迅速对其定位，并进行监控或跟踪。

---

① 万向阳："反恐行动情报分析系统大数据障碍及其改进"，《情报杂志》2015 年第 5 期，第 7—10 页。

二、视频反恐总体架构设计

在反恐情报分析涉恐情报资源很难获取、垃圾信息和无用信息四处泛滥、国际合作情报交换共享不充分等现状下,对恐怖行动的预测很难依托人工智能等信息技术革新完全做到。因此,在还不能摆脱传统情报获取方法的现阶段,在暴恐事件发生的情况下如何迅速应对也是重点研究的方向。

图3　圣彼得堡地铁袭击嫌疑人和疑似滞留物监控视频截图

目前,结合基础设施建设和安全防范设备的部署情况,在暴恐事件发生时往往最先同时也最容易获得的是现场的视频监控信息。能够最先提供嫌疑恐怖分子信息的也往往是视频监控信息。如图3中在俄罗斯圣彼得堡地铁爆炸案中第一时间披露的疑似恐怖分子就是通过现场监控视频获得的,而遗留在车站内的疑似滞留物位置和状态通过视频也可以获取。因此,视频技术用于反恐等突发事件应急响应具有先天的优势。

首先,视频信息是现场较容易获得的信息,并且信息相对洁净。造成重大影响的恐怖袭击往往针对人群密集区域或生产生活重要区域。随着城市化进程的不断加快,视频监控覆盖的范围在不断加大,视频监控的清晰度也在不断提高,在恐怖事件发生时可以快速有效地获得恐怖事件地点、周边甚至潜在恐怖事件发生地的实时或非实时视频信息。

图4　布鲁塞尔机场爆炸案嫌疑人和监控视频截图

其次,对视频序列中的目标,特别是车辆或行人目标的检测与跟踪算法不断进步,极大地推动了视频分析在反恐领域中的应用范围。对场景中行人目标的识别可以计算暴恐事件中的涉及人数,通过对可疑人物的标定、跟踪,可以计算可疑人物的行进路径等等(Hattori et al. n. d.)。随着传感器技术的发展,对目标的跟踪可以不必局限在日间光照好的条件下进行,利用红外摄像在任何光照条件下都可以对行人进行有效的跟踪(Ma et al. 2016)。

图 5　卡内基梅隆大学的 Hiro Hattori 等人提出的行人检测算法

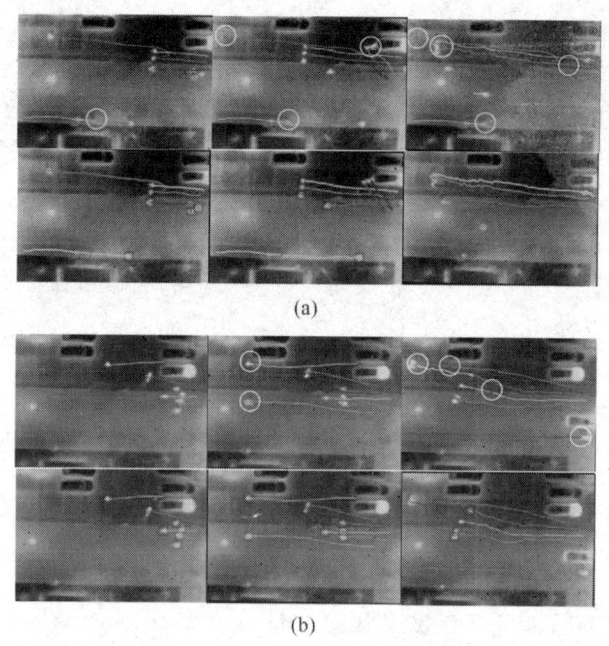

图 6　Ma 等人提出的红外摄像对行人进行跟踪等算法

（一）视频反恐关键技术

从监控系统智能化来讲，包括人脸识别、抓拍、比对，人员奔跑、徘徊，人群聚集检测，车牌号码、车身颜色、车型、车标等的识别在内的智能功能应用在全国海量的公共视频监控数据上，所得到的数据无疑可以对突发事件的预防以及安检侦查等工作提供强有力的技术保障。所以，不断创新并提升算法质量以保证数据分析的准确性、可靠性就显得尤为重要。

视觉目标检测（Visual Object Detection）是根据目标的特征，利用最优化、机器学习等技术，检测出图像中目标所在的位置。视觉目标跟踪（Visual Object Tracking）是在图像序列中，根据视频信息的空间关联性和时间相关性等信息，逐帧估计出目标所在的位置。恐怖事件发生时，视频监控往往是第一时间能够获得的与事件关联最密切的采集信息。视觉目标检测和视觉目标跟踪是视频技术用于反恐的关键技术。

由于恐怖事件主要的执行者大多为人类，信息技术革新带来的针对人类的各种检测和跟踪算法已经逐渐走向成熟。如果在恐怖袭击事件现场能够快速地对事件实施人进行识别和跟踪，那么将会有效提高现阶段反恐作战能力。

（二）视频反恐总体框架设计

以行人为目标的视频跟踪与检测系统以视频序列为主要输入，结合其他非视觉信息输出对场景中的行人的检测结果，同时根据手动标定或系统识别的可疑对象对目标进行跟踪，并最终形成目标行进路径。

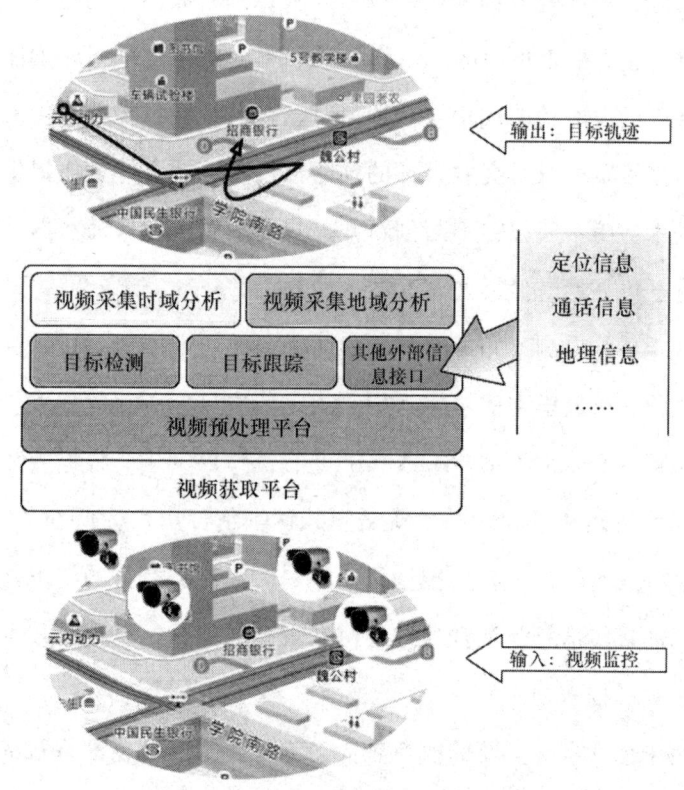

图7　视频反恐总体框架设计

本书从行人目标的稀疏特性着手，从有效描述行人目标的特征、增强外观模型的区分度和对行人形态变化进行部件建模等方面进行深入研究，主要研究图7中目标检测和目标跟踪模块的重要算法。

第一章 行人检测与行人跟踪研究现状

◆ 第一节 研究的目的和意义 ◆

视觉目标检测（Visual Object Detection），是根据目标的特征，利用最优化、机器学习等技术，检测出图像中目标所在的位置。视觉目标跟踪（Visual Object Tracking），是在图像序列中，根据视频信息的空间关联性和时间相关性等信息，逐帧估计出目标所在的位置。目标可以是单一确定的，也可以是多个或者一类相同或者相似的目标。目标检测和目标跟踪得到目标参数，如目标的位置、外观、运动规律等，是计算机视觉应用中最重要的底层信息之一，其准确性和时效性决定了智能视频系统各种功能的实现。[①]

随着全球反恐形势的不断加剧和以自动驾驶为主要代表的新交通系统的兴起，选择视频序列中的行人作为主要视觉对象的行人检

---

① Yilmaz A, Javed O, Shah M. Object tracking: a survey. ACM Comput. Surv., 2006, 38 (4): 13.

测和跟踪（Pedestrian Detection and Tracking），是智能安防、智能交通、自动化等系统中的一项关键技术。有效的行人检测和跟踪方法对推动计算机视觉、人工智能、模式识别等领域的发展有重要意义，对于减少人力成本、避免交通事故、防范恐怖袭击、打击犯罪等也具有广泛的应用前景。

第二节　国内外研究现状和发展趋势

行人检测算法主要包含行人表现建模和目标定位两部分。其中表现建模主要描述行人的视觉特征，如颜色、纹理、部件等，以及如何度量视觉特征之间的相似度和区分度；目标定位主要通过分类器等对行人所在的位置进行标定。[1]

行人跟踪算法主要包含目标初始化、表现建模、运动描述和目标定位四部分。其中，目标初始化采用手工标注或自动检测算法确定行人的初始跟踪位置；表现建模同样描述行人的视觉特征，如颜色、纹理、部件等，以及如何度量视觉特征之间的相似度和区分度；运动描述采用某种运动估计策略如线性回归、[2] 粒子滤波[3]等对目标

---

[1] Solichin A, Harjoko A, Eko A. A survey of pedestrian detection in video. International Journal of Advanced Computer Science and Applications, 2014, 5 (10): 41-47.

[2] Ellis L, Dowson N, Matas J, et al. Linear regression and adaptive appearance models for fast simultaneous modelling and tracking. International Journal of Computer Vision, 2011, 95 (2): 154-179.

[3] Isard M, Blake A. Condensation - conditional density propagation for visual tracking. International journal of computer vision, 1998, 29 (1): 5-28.

的运动进行估算，推断目标可能的位置；目标定位在目标可能的位置上，利用最优化策略等确定目标最终跟踪位置，实现跟踪。

  影响行人目标检测和跟踪精度的因素有很多，主要可分为三大类：首先，是目标外观的动态变化，一般由目标外形变化、目标或摄像机观测角度变化、目标所在的场景变化等引起；其次，是遮挡问题，一般是目标被场景中的其他可见目标或背景局部或全部的短时间遮挡，造成目标在视频序列中的短时间不可见，或目标在图像中的形态不完整；最后，相似目标、复杂背景等因素容易造成漏检、错检或者错误跟踪。此外，目标检测与目标跟踪的复杂性，特别是以行人为目标时需要考虑的影响因素更制约着目标跟踪和检测算法的效率。表1—1列出了影响目标跟踪与检测的8个主要因素。

表1—1　影响目标检测与跟踪算法的主要因素

影响因素	具体描述
Illumination Variation	光照变化
Scale Variation	尺度变化
Deformation	非刚性形变
Rotation：In-Plane	同一平面内旋转
Rotation：Out-Plane	不同平面内旋转
Background Clusters	背景与目标颜色或纹理等一致
Occlusion	目标被部分或者完全遮挡
Out-of-view	超出视野范围

  为了克服相关不利因素，目标检测和跟踪领域一直在不断研究

新的方法和技术。①②③ 其中，检测算法从早期的 Haar/Adaboost、HOG/SVM 等基于特征和分类器的方法发展起来，近期主要形成了基于可变形部件模型的行人检测、基于神经网络的检测和基于特征融合的检测。目标跟踪算法从最早的基于目标灰度跟踪，到单纯利用目标特征进行跟踪的算法，再到特征提取与机器学习相结合的跟踪算法，近期又利用稀疏编码技术对目标表现进行建模。所有算法的最终目标都是在有限的计算资源前提下，对目标进行准确的检测和跟踪。本书通过对大量目标跟踪和检测文献的综述，对目标检测算法和跟踪算法采用的各种技术、研究现状进行总结，并对其发展趋势进行分析。

一、行人检测研究现状

行人检测技术是指计算机在一张图像或视频系列里标示出行人区域的位置、行人区域所占大小并给出一定的置信度。行人检测得到了广泛而深入的研究：从早期的基于 HOG/SVM 的行人检测④到近

---

① Benenson R, Omran M, Hosang J, et al. Ten years of pedestrian detection, what have we learned？. Lecture Notes in Computer Science (including subseries Lecture Notes in Artificial Intelligence and Lecture Notes in Bioinformatics). 2015, 8926: 613–627.

② Hwang S, Park J, Kim N, et al. Multispectral pedestrian detection: Benchmark dataset and baseline. Proceedings of the IEEE Computer Society Conference on Computer Vision and Pattern Recognition. 2015, 07–12–June: 1037–1045.

③ Arthur D. C, Sergiu N. Semantic channels for fast pedestrian detection. 2016 IEEE Conference on Computer Vision and Pattern Recognition (CVPR), 2016: 2360–2368.

④ Dalal N, Triggs B. Histograms of oriented gradients for human detection. Proceedings – 2005 IEEE Computer Society Conference on Computer Vision and Pattern Recognition, CVPR 2005. 2005, I: 886–893.

期的基于行人外观恒定性和形状对称性（Appearance Constancy and Shape Symmetry）[1] 的行人检测算法，对行人检测算法的研究主要集中在寻找可以提供更高区分度的外观表现方式和更好的分类器上。[2]

（一）基于HOG/SVM的行人检测

早期比较出名的行人检测算法是达拉尔（Dalal）和瑞格期（Triggs）[3] 提出的基于 Histograms of Oriented Gradients（HOG）和 SVM 的行人检测及相关的衍生算法。与 SIFT 类似，HOG 也对方向梯度进行累计。与 SIFT 描述单个兴趣点不同的是，HOG 将图像分成联通的细胞单元（cell），采集细胞单元中像素点的梯度方向直方图，把直方图组合起来，形成关于区域的方向梯度信息。基于 HOG/SVM 的行人检测的主要算法步骤包括：首先，提取正负行人样本的 HOG 特征，并训练一个 SVM 分类器，生成初步的检测器；其次，利用训练出的检测器检测负样本，从中得到难例（Hard Example）；将难例的 HOG 特征和最初的特征一起投入 SVM 训练，得到最终检测器。图 1—1 汇总了 HOG 特征提取和基于 HOG 和 SVM 的行人检测的过程。

---

[1] Cao J, Pang Y, Li X. Pedestrian detection inspired by appearance constancy and shape symmetry. 2016 IEEE Conference on Computer Vision and Pattern Recognition（CVPR），2016：1316 – 1324.

[2] Benenson R, Omran M, Hosang J, et al. Ten years of pedestrian detection, what have we learned？. Lecture Notes in Computer Science（including subseries Lecture Notes in Artificial Intelligence and Lecture Notes in Bioinformatics）. 2015, 8926：613 – 627.

[3] Dalal N, Triggs B. Histograms of oriented gradients for human detection. Proceedings – 2005 IEEE Computer Society Conference on Computer Vision and Pattern Recognition, CVPR 2005. 2005, I：886 – 893.

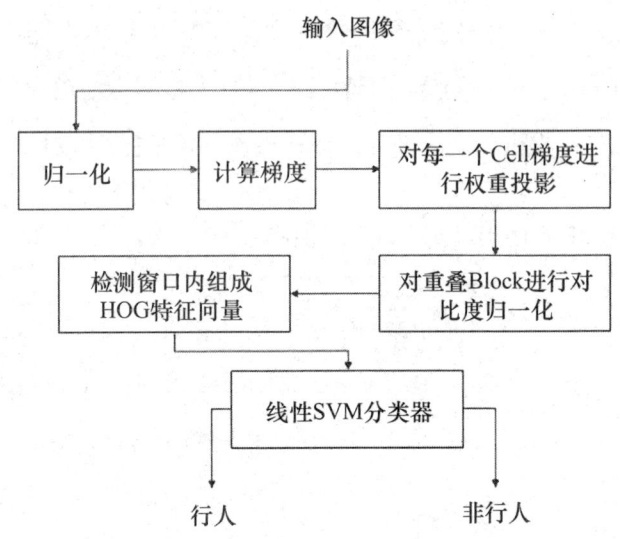

图 1—1　HOG 提取过程和基于 HOG 和 SVM 的行人检测

图 1—2 为 HOG 特征在行人边缘信息上的表现：1. 为训练样本的平均梯度图；2. 为区域内正 SVM 最大权重；3. 为区域内负 SVM 最大权重；4. 为测试样本；5. 为计算得到的 R – HOG 描述子，（f，g）为正负 SVM 分别加权后的 R – HOG 算子。

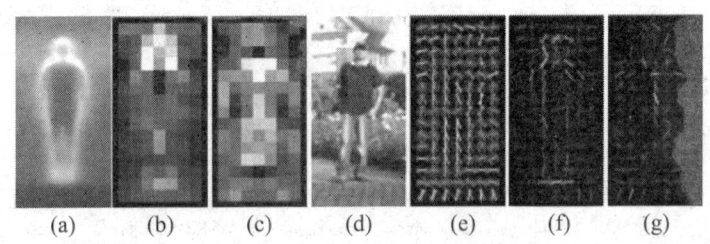

图 1—2　HOG 特征描述行人边缘信息

HOG 特征的提出在行人目标跟踪和检测中具有重要作用。HOG 特征和 SVM 结合的行人检测算法提出后，许多相应的衍生算法围绕

HOG 和分类器结合这一思路，对行人检测进一步地提高和发展。

（二）基于可变形部件模型的行人检测

弗尔泽斯瓦尔布等人（Felzenszwalb）[①] 利用可变形部件模型对 HOG/SVM 检测算法进行了扩展。可变形部件模型将目标划分为若干区域（部件），并且各部件之间允许有一定的位移。可变形部件模型可以解决部分遮挡对目标检测造成的不良影响，也对行人的姿态变化具有一定的拟合能力。弗尔泽斯瓦尔布等人在全局模型之下计算各部件的 HOG 和各部件相对于全局模型的位移。

图 1—3 显示了用弗尔泽斯瓦尔布等人的方法得到的多部件行人模板及其检测结果。这一多部件模型通过低分辨率下的根滤波器、高分辨率部件滤波器、部件滤波器相对根滤波器的位移模型三部分来定义。其中，低分辨率根滤波器覆盖行人整体，高分辨率部件滤波器覆盖行人的各部位。低分辨率根滤波器主要检测低分辨率下行人整体的边缘信息，高分辨率滤波器主要检测行人各部分具体结构，同时赋予部件滤波器相对根滤波器的位移形变惩罚函数约束行人外观的形变。

可变模型在一定程度上解决了行人姿态变化和遮挡的问题，很好地与行人这一跟踪和检测目标的属性相符合，是本书研究的重要内容之一。

[①] Felzenszwalb P F, Girshick R B, Mcallester D, et al. Object detection with discriminative trained part based models. IEEE Transactions on Pattern Analysis and Machine Intelligence, 2010, 32 (9): 1627 - 1645.

(a)　　　　　　　(b)　　　　　　　(c)

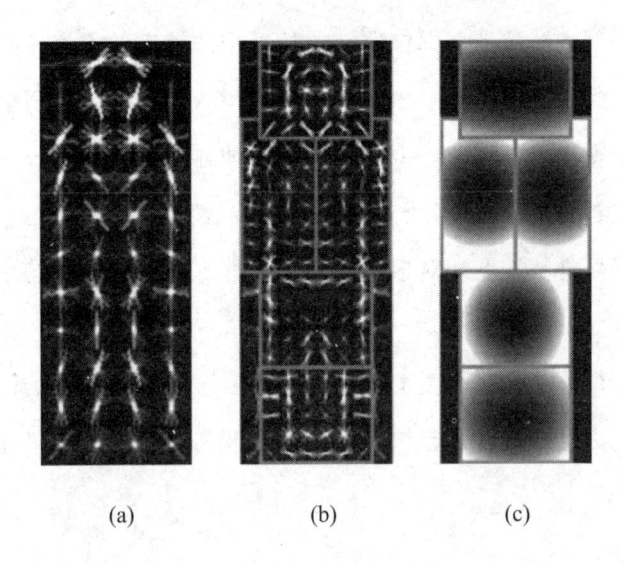

图1—3　可变部件模型构成的行人模板

（三）基于深度神经网络的行人检测

随着深度学习的出现和兴起，很多人工智能和机器学习领域的问题和应用都得到了很好的解决或提升，在目标检测和分类等领域取得了非常好的效果，[1][2][3] 在行人检测上也取得了不错的成绩。Sermanet 首次将深度卷积神经网络（CovNet）应用于行人检测。[4] CovNet 通过非监督的学习得到多阶段神经网络。图 1—4 为用于行人检测的 CovNet 结构。ConVet 既保留了局部细节（底层表示），又学习了整体特性（中层表示）。

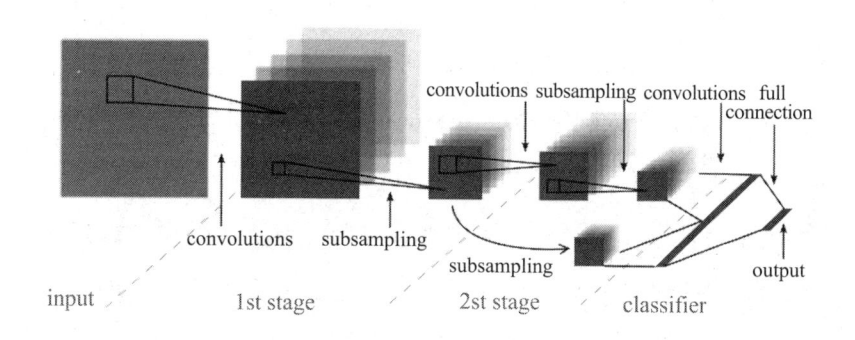

图 1—4　用于行人检测的 CovNet 结构

---

[1] Gu J, Wang Z, Kuen J, et al. Recent advances in convolutional neural networks. arXiv, 2015: 1 - 14.

[2] Rastegari M, Ordonez V, Redmon J, et al. XNOR – Net: ImageNet Classification Using Binary Convolutional Neural Networks. arXiv preprint, 2016: 1 - 17.

[3] He K, Zhang X, Ren S, et al. Deep Residual Learning for Image Recognition. Arxiv. Org, 2015, 7 (3): 171 - 180.

[4] García – Pedrajas N, Hervás – Martínez C, Muñoz – Pérez J. COVNET: A Cooperative Coevolutionary Model for Evolving Artificial Neural Networks. IEEE Transactions on Neural Networks, 2003, 14 (3): 575 - 596.

深度神经网络在行人检测问题上取得了很好的效果,并引起进一步的研究,Tan 等人提出的基于深度语义学习的行人检测算法、[1]深度神经学习也是本书研究的主要内容之一。

(四) 基于特征融合的行人检测

特征是原始图像的某种特性的抽象反映。单一的特征通常只能描述目标某一方面的特征,如:HOG 特征反映的是图像的梯度统计特性,而 LBP 特征反映的是图像的纹理统计特性等。因此,将多种特征组合,特别是具有相互弥补特性的特征,对目标进行描述,可以提高特征对图像描述的能力。王(Wang)等人提出 HOG – LBP 描述子,利用 LBP 特征来估计出遮挡区域,提升了检测的效果。[2]沃尔克(Wojek)等人利用 HOG、Haar 和 HOF 特征进行检测,提升了车载环境中的行人检测效果。[3]

通道特征可以通过对原图像进行多个通道变换得到,如 LUV、HOG 等。在行人检测中,LUV 通道、梯度强度通道、梯度直方图通道是非常有效的通道。如何融合相关特征,并且提取能够表现中层特性的深度特征是本书研究的主要内容之一。

---

[1] Tian Y, Luo P, Wang X, et al. Pedestrian Detection Aided by Deep Learning Semantic Tasks. Proceedings of the IEEE Computer Society Conference on Computer Vision and Pattern Recognition. 2015, 07 – 12 – June: 5079 – 5087.

[2] Wang X, Han T X, Yan S. An HOG – LBP Human Detector with Partial Occlusion Handling. Computer Vision, 2009 IEEE 12th International Conference on, 2009 (ICCV): 32 – 39.

[3] Wojek C, Walk S, Schiele B. Multi – Cue onboard pedestrian detection. 2009 IEEE Computer Society Conference on Computer Vision and Pattern Recognition Workshops, CVPR Workshops 2009. 2009: 794 – 801.

（五）行人检测的主要数据集

目前，常用的数据集有 INRIA、① ETH、② TUD、③ CalTech、④ CVC、⑤ Daimler⑥ 行人数据集等，部分数据集也提供了标定的正负行人样本的信息。表 1—2 列举了主要的行人检测相关数据集和其公布时的行人样本数。

表1—2　主要行人检测数据集

数据集	公布时间	行人样本数
INRIA	2005	2416
ETH	2008	2388
TUD-det	2008	400
TUD-Brussels	2009	1776
Caltech	2009	192k
CVC	2007—2010	2534

---

① Ess A, Leibe B, Van Gool L. Depth and appearance for mobile scene analysis. Proceedings of the IEEE International Conference on Computer Vision. 2007.

② Ess A, Leibe B, Van Gool L. Depth and appearance for mobile scene analysis. Proceedings of the IEEE International Conference on Computer Vision. 2007.

③ Wojek C, Walk S, Schiele B. Multi-Cue onboard pedestrian detection. 2009 IEEE Computer Society Conference on Computer Vision and Pattern Recognition Workshops, CVPR Workshops 2009. 2009：794-801.

④ Dollár P, Wojek C, Schiele B, et al. Pedestrian detection: A benchmark. 2009 IEEE Computer Society Conference on Computer Vision and Pattern Recognition Workshops, CVPR Workshops 2009. 2009：304-311.

⑤ Gerónimo D, Sappa A. D, López A., et al. Adaptive image sampling and windows classification for on-board pedestrian detection. Proceedings of the International Conference on Computer Vision Systems, 2007 (Icvs).

⑥ Enzweiler M, Gavrila D M. Monocular pedestrian detection: Survey and experiments. IEEE Transactions on Pattern Analysis and Machine Intelligence. 2009, 31 (12)：2179-2195.

INRIA 数据集[1]是由达拉尔（Dalal）等人采集并提供的。[2] 数据集中的图像拍摄得比较清晰，场景不是特别复杂，且遮挡不多，INRIA 数据集同时在分类场景下提供高质量的标定，因此往往作为训练集被使用。

　　ETH 数据集[3]是由艾斯（A. Ess）等人采集并提供的。[4][5] 数据集为移动摄像机在街头场景下拍摄的图像序列，包含摄像机的运动信息和标定的深度信息，可以进一步研究场景信息。

　　TUD 数据集[6]是由沃尔克（C. Wojek）等人采集并提供的。[7] 数据集由移动摄像机在交通场景下获得，帧之间跳跃幅度较大，场景比较复杂，遮挡较多。

---

[1] http://pascal.inrialpes.fr/data/human/.

[2] Dalal N, Triggs B. Histograms of oriented gradients for human detection. Proceedings - 2005 IEEE Computer Society Conference on Computer Vision and Pattern Recognition, CVPR 2005. 2005, I: 886 - 893.

[3] https://data.vision.ee.ethz.ch/cvl/aess/dataset/.

[4] Ess A, Leibe B, Van Gool L. Depth and appearance for mobile scene analysis. Proceedings of the IEEE International Conference on Computer Vision. 2007.

[5] Ess A., Leibe B, Schindler K, et al. A mobile vision system for robust multi - person tracking. Computer Vision and Pattern Recognition, 2008. CVPR 2008. IEEE Conference on, 2008: 1 - 8.

[6] https://www.mpi-inf.mpg.de/departments/computer-vision-and-multimodal-computing/research/people-detection-pose-estimation-and-tracking/multi-cue-onboard-pedestrian-detection/.

[7] Wojek C, Walk S, Schiele B. Multi - Cue onboard pedestrian detection. 2009 IEEE Computer Society Conference on Computer Vision and Pattern Recognition Workshops, CVPR Workshops 2009. 2009: 794 - 801.

Caltech 数据集①是由 P. Dollár 等人采集并提供的。② 数据集由车载摄像机在交通场景下获得，帧之间跳跃幅度较大，场景比较复杂，遮挡很多。

在上述常用数据集上进行行人检测器的训练和检测，并比较算法的效果，是本书研究的内容之一。

（六）行人检测算法中的特征

用于行人检测的特征的发展一直是提高检测质量的驱动力之一，并且仍将保持对检测算法的促进作用。

从特征的角度来看，大部分检测算法都将选择合适的特征作为提高效率的重要环节。行人检测算法的特征包括 Haar 或者类 Haar 特征，Blob Motion 特征，LBP 特征，或者 Gradient Distribution 等等，其中最广泛使用的是 HOG 特质及其相关的扩展。HOG 特征在行人检测领域具有很多优点。首先，由于 HOG 在目标的局部方格单元上操作，对目标的形变具有很好的抵御性。这是因为目标的几何形变和光学变化通常不出现在局部，而更可能出现在更大的空间领域。其次，在粗的空域抽样、精细的方向抽样以及较强的局部光学归一化等条件下，对行人细微的肢体动作或者局部的遮挡的鲁棒性更为优异，细微的动作可以被忽略而不影响检测效果。因此，HOG 特征适合于做图像中的人体检测。同时，由于行人检测中边缘信息至关重

---

① http：//www.vision.caltech.edu/Image_Datasets/CaltechPedestrians/index.html.
② Dollár P, Wojek C, Schiele B, et al. Pedestrian detection：A benchmark. 2009 IEEE Computer Society Conference on Computer Vision and Pattern Recognition Workshops，CVPR Workshops 2009. 2009：304 - 311.

要，通道特征可起到非常好的效果。

很多类特征也不断被尝试于行人检测，一些与 HOG 特征一样以边缘信息为主要特征，[1][2] 有的特征包含色彩信息，[3] 有的特征考虑材质信息，[4] 或者局部外形信息，[5] 或者协方差特征[6]等等。

目前特征的发展主要通过不断尝试得到，而对于特征的内在价值的理解还不够科学和系统，未来很多研究将集中在如何更深入地了解好的特征背后的科学依据，并且以此指导设计更出色的特征。

（七）行人检测中的分类器

分类是行人检测的重要组成部分，分类器对取得的特征进行分类。行人检测中常用的分类器主要包括 SVM、Boost 两大类及其变种和衍生的分类器。在目前常见的行人检测算法中，SVM 分类器是使用最为广泛的一类分类器，并且有很多扩展和衍生。如级联 SVM，

---

[1] Dollár P, Tu Z, Perona P, et al. Integral Channel Features. BMVC 2009 London England, 2009: 1 – 11.

[2] Lim J J, Zitnick C L, Dollar P. Sketch tokens: A learned mid – level representation for contour and object detection. Proceedings of the IEEE Computer Society Conference on Computer Vision and Pattern Recognition. 2013: 3158 – 3165.

[3] Walk S, Majer N, Schindler K, et al. New features and insights for pedestrian detection. Proceedings of the IEEE Computer Society Conference on Computer Vision and Pattern Recognition. 2010: 1030 – 1037.

[4] Wang X, Han T X, Yan S. An HOG – LBP Human Detector With Partial Occlusion Handling. Computer Vision, 2009 IEEE 12th International Conference on, 2009 (ICCV): 32 – 39.

[5] Costea A D, Nedevschi S. Word channel based multiscale pedestrian detection without image resizing and using only one classifier. Proceedings of the IEEE Computer Society Conference on Computer Vision and Pattern Recognition. 2014: 2393 – 2400.

[6] Paisitkriangkrai S, Shen C, Hengel A Van Den. Efficient Pedestrian Detection by Directly Optimizing the Partial Area under the ROC Curve. 2013 IEEE International Conference on Computer Vision, 2013: 1057 – 1064.

将两个 SVM 层级相连以提高分类的精度。或者 Transductive SVM，将第一次检测结果作为无标签数据进行一次调整，再进行重新分类，以得到最终结果。AdaBoost 和 LogistBoost 等分类器具有较快的检测速度，也被应用于行人检测。目前没有充分证据说明非线性分类器可以取得更好的效果，也没有哪个分类器具有明显的优势。

总之，通过对大量检测算法进行研究，特征的进步对于检测算法的发展起了重要的作用。虽然小部分特征是通过学习得到的，但大部分的特征仍是通过手动设计获得的。

特征和语义信息的结合同样会提高检测的结果。行人检测不仅仅是底层特征的堆砌，同样需要对高层信息进行感知。

无论是基于可变部件模型，还是基于决策森林或者深度神经网络等等不同学习算法的行人检测算法，基本上都能达到具有一定可比性的检测结果。

二、目标跟踪研究现状

目标跟踪是在视频序列中估计或判断出特定目标在每一帧中的位置信息。目标跟踪主要包括目标区域、目标表观表示、目标运动描述和位置表示、模型更新等相关内容。图1—5对跟踪算法的主要步骤进行了归纳，主要包括在视频序列的起始帧中选定目标初始位置，对目标外观表现进行建模，对目标的运动进行建模，定义目标位置的表示方法，通过一定的算法逐帧地对目标的新位置进行估计，并根据一定条件对模型进行更新，从而实现对目标的跟踪。目标跟踪算法经多年研究，形成了两大类主要算法：产生式算法和判别式分类算法。

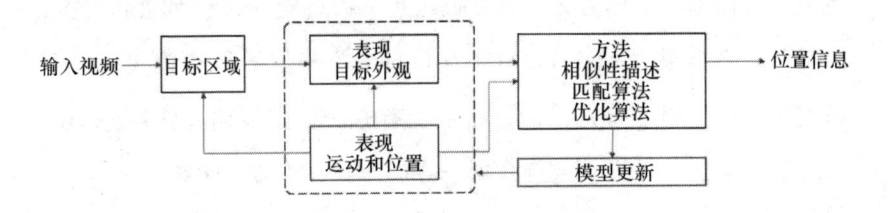

图1—5　目标跟踪算法框架

(一) 产生式目标跟踪算法

这一大类跟踪器通过在视频帧之中匹配目标的表现模型来实现跟踪。Mean Shift Tracking (MST) 是其中比较经典的一种算法。[1] MST 通过构建 RGB 直方图对目标进行表示，并利用 Bhattacharyya 进行相似度测算，用 mean shift 方法搜索局部极值，最大化 Bhattacharyya 距离，实现目标跟踪。MST 从第一帧获取目标直方图，就没有任何更新，因此不能在多尺度上进行目标搜索和跟踪。

在此基础上，为了进行长期的跟踪，目标外观的扩展模型被引入匹配，即除了搜索并匹配图像之外，也需要匹配扩展模型的变化。Incremental Visual Tracking (IVT)[2] 采用一个扩展模型来维护目标历史时期的各种外观形态。通过增量 PCA 计算目标的特征图像并进行存储，同时随着跟踪的进展逐步清除早期的观测，来实现对目标外

---

[1] Comaniciu D, Ramesh V, Meer P. Real–time tracking of non–rigid objects using mean shift. IEEE Conference on Computer Vision and Pattern Recognition, 2000, 2 (7): 142–149.

[2] Ross D A., Lim J, Lin R–S, et al. Incremental Learning for Robust Visual Tracking. International Journal of Computer Vision, 2007, 77 (1–3): 125–141.

观变化的描述。Tracking by Sampling Trackers（TST）[1] 维护跟踪子的一个扩展模型，在每一帧内将具有最优目标状态的跟踪子从跟踪子空间中选取出来。[2]

随着稀疏表示的发展，近期跟踪算法的发展引入了目标的稀疏表示和稀疏优化以达到跟踪的效果。ℓ_1 - minimization Tracker（L1T）[3] 将目标外观表象建模为目标模板与琐碎模板的总和，利用稀疏表示对目标进行跟踪。新帧中的候选窗口依照高斯分布在当前目标位置周围选取，并且表示为稀疏基的线性组合，并经 ℓ_1 最小化使得多数系数为 0。为了求解 ℓ_1 最小化问题，加速近似梯度法在后续的研究中被引入，基于构建稀疏外观表现的字典学习算法[4][5]也取得了一定的效果。

（二）基于判别式分类的目标跟踪算法

从另一个角度入手，判别式分类的目标跟踪算法旨在训练一个分类器对前景和背景进行区分，并且随着跟踪的进行对分类器进行更新。判别式的分类方法考虑了背景的存在，相比产生式的方式，

---

[1] Kwon J, Lee K M. Tracking by sampling trackers. Proceedings of the IEEE International Conference on Computer Vision. 2011：1195 – 1202.

[2] Kwon J, Lee K M. Tracking by Sampling and IntegratingMultiple Trackers. Pattern Analysis and Machine Intelligence, IEEE Transactions on, 2014, 36（7）：1428 – 1441.

[3] Mei X, Ling H. Robust visual tracking using ℓ_1 minimization. 2009 IEEE 12th International Conference on Computer Vision, 2009：1436 – 1443.

[4] Wang Q, Chen F, Xu W, et al. Online discriminative object tracking with local sparse representation. Proceedings of IEEE Workshop on Applications of Computer Vision. 2012：425 – 432.

[5] Liu B, Huang J, Yang L, et al. Robust tracking using local sparse appearance model and K – selection. Cvpr 2011, 2011：1313 – 1320.

其在复杂背景情况下具有一定的优势。

Foreground-Background Tracker（FBT）训练一个线性前景/背景分类器，下一帧的目标的位置通过在上一帧目标位置附近的窗口内进行搜索得到的最大分类分数而获得。通过舍弃旧位置采用新位置附近数据进行训练而进行更新。Multiple Instance learning Tracking（MIT）[①]将正负样本分别当成样本包，而不是多个样本。候选窗口以圆周的形式在上一帧目标位置附近进行采样。分类器根据新数据进行更新。Tracking, Learning and Detection（TLD）[②]通过结合检测子和一个 optical flow 跟踪子来完成跟踪。检测算子从视频存列的第一帧中学得基于 2bit binary patterns 的目标外观模型和背景模型。在跟踪过程中，在目标周围选取正采样，在远离目标区域选择负样本，以此对模型进行更新。The structured supervised classifier（STR）提出基于结构化 SVM 的目标跟踪算法，在更结构化 SVM 的时候强调当前位置仍存在最大化，与这一限制相悖的位置就成为分类时的支持向量。

（三）行人跟踪算法中的特征

1. 类 Haar 特征

在检测领域中适用的类 Haar 特征引起了跟踪领域研究者的兴趣。类 Haar 特征包括线性特征、边缘特征、点特征（中心特征）、

[①] Babenko B, Belongie S. Visual tracking with online Multiple Instance Learning. 2009 IEEE Conference on Computer Vision and Pattern Recognition, 2009: 983 – 990.

[②] Kalal Z, Mikolajczyk K, Matas J. Tracking – learning – detection. IEEE Transactions on Pattern Analysis and Machine Intelligence, 2012, 34 (7): 1409 – 1422.

对角线特征等，具有抵抗目标外观变化、计算速度快的优点。类 Haar 特征可以体现目标的边缘、线性和特定方向特征。在线学习 adaboost 分类器的算法使用的是类 Haar 特征。MIT 跟踪算法采用的也是类 Haar 特征。

类 haar 特征具有计算效率高、抗光影变化、尺度变化等特点。但是由于类 Haar 特征是方向敏感的特征提取器，这种特征对目标旋转比较敏感。旋转以后目标类 Haar 特征会发生较大改变。

2. SIFT 特征

SIFT 特征是一种不受尺度变换和旋转影响的局部特征，对亮度变化保持不变，对仿射变换、视角变化也具有相当的稳定性。部分目标跟踪算法在目标区域内外的关键点处提取 SIFT 特征，然后训练一个 adaboost 分类器用来分类这些 SIFT 特征，跟踪过程中对于新一帧中兴趣点的 SIFT 特征进行分类，用分类器预测的兴趣点作为更新目标位置的依据。

3. HOG 特征

广泛用于检测领域的 HOG 特征计算效率较高，对形变、光照变化等具有较好的抵抗性，因此在行人跟踪领域也被广泛采用。但由于在跟踪问题中只有第一帧是准确的，HOG 训练样本的准确性在跟踪过程中并不能得到很好的保障。因此，要通过弱监督学习等策略来解决这一问题。因为 HOG 通过梯度信息描述物体的特征，所以对于比较平滑的目标，其描述性并不够理想。而且，HOG 通过单元细胞来进行计算，如果目标尺度变换到较小尺度后，HOG 则无法有效地描述目标的特征。

4. 灰度特征

目标的外观灰度向量所在空间相对较小，且分布非常稀疏，随着研究发现，通过求解 ℓ_1 优化问题可得到 ℓ_0 优化解和一些快速 ℓ_1 优化技术的出现，基于灰度的稀疏表达的跟踪算法不断涌现出来。

基于目标灰度的稀疏编码跟踪算法虽然采用了最早跟踪领域采用的目标灰度特征，但是比主元表示更加接近目标图像的本质。通过稀疏编码方法解释图像，更加接近目标图像外观在灰度空间中的分布特点。因为稀疏编码对噪音的鲁棒性，在稀疏编码的时候还可以提取被遮挡区域，所以更新目标图像模型的时候不容易受到遮挡物的影响。这个优点是其他跟踪算法不具备的，也是此类跟踪算法回归到基于图像灰度跟踪，仍然可以得到非常好的应用效果的原因。

（四）行人跟踪算法中的目标区域、外观和运动的表现

行人跟踪算法中对于跟踪的兴趣区域可以表示成边界（target bounding box），或者椭圆（ellipse）形式。虽然这两种形式包含一部分的背景信息，可能对跟踪造成一定影响，但部分研究表明，前景和背景的转换也可以为跟踪提供更多的信息。一些算法以外观（contour of the target）为跟踪区域。外观作为跟踪区域的优点是允许目标的表观发生很大的变化，在要求目标精确形状的应用领域比较适用。其他的表现还包括基于形状的表示、基于显著特征点、基于 Blob 的表示等。而基于部件（part-based）表示在行人跟踪中具有重要的意义。行人目标的外观很容易发生改变，而目标外观基本满足

整体可变形、局部稳定的特点,通过用部件(part)来表示目标局部特征的位置,采用多个部件表示目标在不同情形下的外观模型,能够很好地解决行人状态容易发生改变、行人部分被遮挡等问题,同时利用部件之间的联通性,部件间相对位移不可能超越一定的限制这一条件,维持跟踪目标整体性,确保行人跟踪的准确性。

行人外观可以采用几类常见的表示方式:1D 直方图;2D 向量或者是特征向量。1D 直方图可以是包含色彩信息的,或者是单纯的强度直方图。1D 直方图去除了空间约束,给了目标移动的最小约束,因此空间信息还需要另行保持。2D 向量可以是色彩的表现,如 HSI Color 或者 HIS 梯度等。特征向量最能够表现局部顺序信息,但也会消除局部变化。

运动模型的表现可以通过均匀搜索、概率高斯模型、线性模型等方法体现。对于目标运动,一个基本假设是目标运动速度是有限的,当前帧目标区域距离前一帧目标所在位置不会特别远。均匀搜索的方法在上一帧目标的周围进行均匀的搜索。这种搜索并不考虑目标的运动模式,具有一定程度的鲁棒性,但在快速运动中容易丢失目标。高斯概率模型在上一帧位置周围随机采样,利用高斯的特性,距离前一帧位置较远的地方概率会偏小。高斯概率模型由于比均匀搜索更依赖目标的运动模式,在镜头抖动时容易丢失目标。线性动态预测模型通过卡尔曼滤波来预测目标的移动。还有一些运动模型并不对运动加以限制,反而通过优化来寻找局部极值,从而得到目标区域。

(五) 目标模型的更新

目标模型的更新是目标跟踪中的重要问题。一部分跟踪算法对目标的表现不进行更新，或者只搜索最适合的形变。固定模型的好处在于不会引入新的错误的信息，但缺点是不能适应目标表观的改变。另一种通用的做法是采用新的观测来进行更新。如果更新的速度过快或者过慢，都会对检测结果造成影响：更新速度过快，容易造成漂移；跟踪速度过慢，模型不能适应表现的变化，容易造成跟踪失败。而在处理基于部件的跟踪算法的时候，还需要考虑部件的更新，包括插入、改变、移动或者删除部件。

总之，大量行人跟踪算法在目标初始化、表现建模、运动描述和目标定位等阶段采取了不同的外观表示、运动模型和分类器等，并对跟踪过程中行人目标外观的变化和局部遮挡等问题进行考量，取得了具有可比性的效果。

◆ 第三节 行人跟踪与检测算法展望 ◆

从行人检测与跟踪算法的发展趋势可以看到，检测和跟踪的研究正逐渐从实验室环境转移到实际应用环境中。目标检测与跟踪越来越接近实际应用的需要，但一些实际应用中的难点还没有被当下的跟踪算法完全解决。首先，算法的实时性和准确性还不能同时被满足。其次，检测算法的误检和漏检，特别是与目标相似物体的误检，还不能彻底清除；对行人外观表象的描述还存在不足。再次，跟踪算法还不能长时间无误地捕捉目标的外观变化，跟踪算法如何有效地从错误的跟踪中恢复也是一个亟待解决的问题。在跟踪过程中目标经常因为被遮挡或者暂时离开摄像头视野而造成目标跟踪失败。最后，非常具有实用价值的多目标跟踪的算法还为数不多，效果也不够理想。虽然目标跟踪领域遗留问题众多，但按照跟踪算法一直与实际应用靠拢的发展趋势，预计未来的研究可以逐渐解决这些问题。当然这些问题的解决还需要依赖于许多像新型特征描述、增量 Adaboost 分类算法、稀疏编码算法等关键性的基础算法的提出。

◆ 第四节 研究内容 ◆

本书从行人目标的稀疏特性着手，从有效描述行人目标的特征、增强外观模型的区分度和对行人形态变化进行部件建模进行研究和讨论。首先，研究行人目标的深度通道特征，并利用此特征实现行人的检测。其次，研究以稀疏性限制条件增强对行人可变外观的表现能力，实现基于字典学习的跟踪。最后，针对行人外观的可变性，研究专门的多分量可变部件模型，增强跟踪算法纠正错误的能力。

◆ 第五节 本书结构 ◆

本书针对视频序列中的行人检测和跟踪进行研究，主要章节安排如图1—6所示：

```
┌────────┐  更好表现行人特征的外观表现   ┌──────────────────┐
│ 行人检测 │─────────────────────────→│基于深度通道特征的行人检测│
└────┬───┘       深度神经网络          │     （第二章）      │
     │                                └──────────────────┘
     ↓
┌────────┐   增加外观表现的区分度       ┌──────────────────┐
│ 行人跟踪 │─────────────────────────→│ 基于字典学习的行人跟踪 │
└────────┘                            │     （第三章）      │
                                      └──────────────────┘
              表现行人可变外观           ┌──────────────────┐
            ─────────────────────────→│基于多分量可变部件模型的行│
                                      │  人跟踪（第四章）    │
                                      └──────────────────┘
```

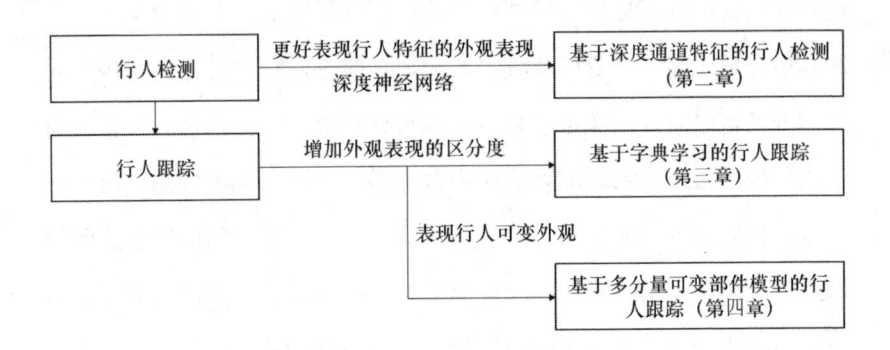

图1—6　本书内容安排框架

第二章讨论基于深度通道特征的行人检测方法。介绍行人检测的主要手段和方法；介绍深度卷积神经网络和通过稀疏滤波；介绍深度通道特征的计算方法；介绍基于深度通道特征的行人检测算法；给出实验结果并总结本章。

第三章提出基于字典学习的行人跟踪算法框架。介绍跟踪算法的主要手段和方法；介绍字典学习在跟踪算法中的局限和增加字典区分度的方法；介绍多类别判别式字典学习跟踪算法的跟踪和字典更新；给出实验结果。

第四章讨论基于多分量可变部件的行人跟踪算法框架。介绍研究此框架的目的和思路；介绍可变部件模型及其初始化，给出第4节跟踪目标公式及推导；介绍通过结合两种策略对模型进行更新的步骤，给出结合自顶向下和自底向上结合的跟踪算法策略并给出实验结果总结本章。

第五章对全书工作进行总结，并对未来工作方向进行展望。

第二章 基于深度通道特征的行人检测

◆ 第一节 引 言 ◆

行人检测是计算机视觉领域的一个重要问题，是行人识别或者行人跟踪等技术实现的基础。视觉特征和分类器是检测的两个关键因素。在图像或视频中提取表现行人目标的视觉特征，并利用分类器根据视觉特征进行有效的识别，是行人检测技术需要解决的主要问题。

在常见的视觉特征中，许多针对通道特征的研究表明，通道特征可以有效地表现物体外观并提供快速的计算能力。在常用的通道特征中，LUV、HOG 和梯度直方图在行人目标上有较好的表现。作为底层特征，通道特征缺少目标的语义信息。为了提高检测的性能，底层特征需要和包含语义信息的中层或者更高层的信息结合。

常用于检测的分类器则包括 SVM 分类器和 Boosting 分类器。SVM 分类器通过寻找较小的支持向量集划定分离曲面，具有较好的分类效果和泛化能力。Boosting 分类器通过将多个弱分类器组合在一起形成较强的分类器，虽然可以很快地得到分类结果，特别是很快地拒绝大量的负样本，但分类效果没有利用支持向量和多类型内核的 SVM 效果好，Boosting 分类器的分类性能对视觉特征的选取具有一定的依赖性。

深度学习通过非监督训练的方式从原始数据中获取特征，避免了手动的设计特征。深度学习近几年在各领域都有深入的研究。深度学习获取特征时并没有考虑边缘、滤波等信息，因此结合底层的通道特征，将原始图像的变换作为非监督学习的初始数据，利用深度学习得到包含一定语义信息的中层特征，通过底层和中层特征结合的方式，来提高分类器的检测性能，是本章研究的主要内容。

◆ 第二节 深度卷积神经网络与稀疏滤波 ◆

近年来，深度学习是在机器学习领域兴起的新热点。"深度"是相对于 SVM 等其他浅层学习方法而言的，通过模拟人类大脑处理信息的机制，将输入信号进行多阶段性的处理、映射、表示和连接，得到包含更多相应层级的输出。人类对视觉信息的处理过程包括感知、组合、理解等一系列过程，先对材质、边缘等底层信号进行感知，再对底层信号进行组合，表示出如部件或较为复杂的结构等较高层次的信息，最终再通过对目标部件的组合得到对目标模型的理解。深度学习的模型比浅层学习方法具有更多的层数，利用层的深度，来抵消学习到一个理论化的表达或模型的单层的复杂度。

深度学习的显著特点为采用非监督的方式进行训练。由于深度神经网络模型的参数较多，训练样本往往不足以获得全局最优，通过监督训练容易收敛到局部极小。因此，利用大量不含标签信息的数据通过非监督训练，根据某些设定的标准进行优化，求解网络参数，再利用反向传播算法得到最终的网络模型。

一、深度卷积神经网络

卷积神经网络（CNNs）最初由 LeCun Yann 等用于手写识别。[1] 通过只连接临近的节点并对输入信号进行卷积以得到输出信号，卷积神经网络减少了网络连接数量，能显著地提高计算速度。

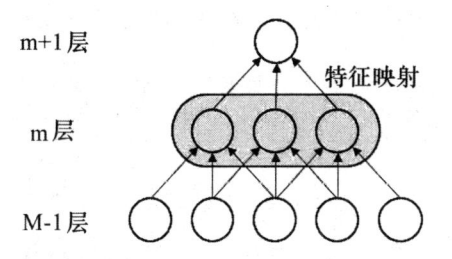

图 2—1　卷积神经网络基本结构的稀疏链接和权值共享

图 2—1 表示卷积神经网络结构的两个主要特点：稀疏链接和权值共享。稀疏链接要求每一个神经元从上一层的局部得到输入，第 m 层的单元只与第 m-1 层的局部区域有连接（图中链接的指向），从而迫使其提取局部特征。权值共享要求平面中的神经元在约束下

---

[1] Lecun Y, Bottou L, Bengio Y, et al. Gradient Based Learning Applied to Document Recognition. Proceedings of the IEEE, 1998, 86 (11): 2278-2324.

共享相同权值（图中 m－1 层到 m 层的同色链接），共享权值的单元构成一个特征映射（feature map）。共享权值使得神经网络对特征识别时平移不变性，也就是不需要考虑特征的位置，另一方面也压缩了自由参数的个数、学习的计算量。多个这样的层堆叠起来后，会使得滤波器逐渐覆盖到更大的视觉区域，如图 2—2 所示，LeCun Yann 等人用于手写识别的神经网络模型①包含了 4 层特征映射。

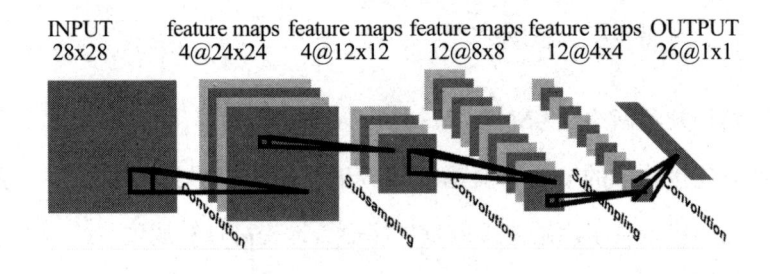

图 2—2　用于手写识别的卷积神经网络

卷积神经网络的两个主要操作包括卷积操作、池化操作、归一化和绝对值矫正等。

卷积操作（convolution）使用不同的滤波器对输入信号进行卷积，提取不同类型的特征。多个节点通过卷积操作得到的多个滤波器则为特征图。

池化操作（pooling）对特征图的某小块区域进行池化操作，从区域上提取一个值作为池化的输出。主要池化操作包括平均池化（average pooling）、最大池化（max pooling）、空域金字塔池化（spatial pyramid pooling）等。池化操作具有对局部外观变化保持不变性，

---

① Lecun Y, Bengio Y. Convolutional networks for images, speech, and time series. The handbook of brain theory and neural networks, 1995, 3361 (April 2016): 255 – 258.

抑制高层表示特征的维度，防止产生过拟合，有利于网络的稳定。

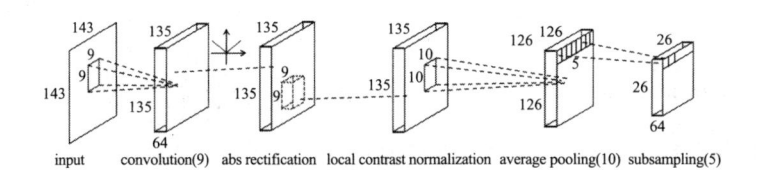

图 2—3 典型卷积神经网络局部图（卷积操作、池化操作、归一化和矫正等）

除了上述两个主要操作外，随着对卷积神经网络研究的深入，另一些可以提高网络性能的非线性映射也被采用到卷积神经网络之中，如绝对值校正、局部对比度归一化等。图 2—3 列举了典型的卷积神经网络采用的主要操作。

绝对值校正（Abs Rectification）：在绝对值校正层中，所有输入都要经过绝对值校正，取输入信号的绝对值，消除负值。进行这一操作的主要原因是考虑到两个元素之间的关系应为非负。在各类绝对值计算方法中，本书选取绝对值函数 $y_{ijk} = |x_{ijk}|$。

局部对比度归一化（Local Contrast Normalization）：局部对比度归一层之中，每一个神经元和它周围属于同一特征映射的神经元、或者同一位置不同特征映射的神经元进行竞争。为达到这一目标，减法归一化和除法归一化作用在三维数据 x_{ijk}。减法归一化计算

$$y_{ijk} = x_{ijk} - \sum_{o,p,q} \omega_{pq} x_{o,j+p,k+q} \quad (2-1)$$

其中 ω_{pq} 是一个归一化的高斯滤波，即 $\sum_{p,q} \omega_{pq} = 1$。

除法归一化通过

$$z_{ijk} = \frac{y_{ijk}}{max\left(M, \sqrt{\sum_{opq} \omega_{pq} y_{o,j+p,k+q}^2}\right)} \quad (2-2)$$

得到，其中

$$M = \frac{1}{J \times K} \sum_{j=1}^{J} \sum_{k=1}^{K} \sqrt{\sum_{opq} \omega_{pq} y_{o,j+p,k+q°}^2} \quad (2—3)$$

深度神经网络结构是一个多层多阶段的网络连接。每层的输入均为前一层的输出；一定的多层结构组成阶段，每阶段的输入也为上一阶段的输出。将所有阶段得到的特征组合起来得到最终的特征。本书采用两阶段网络，获取底层局部特征和高层全局特征。[①] 两阶段网络的结构如图2—4所示，两个阶段均包含卷积操作、绝对值校正操作、局部对比度归一化操作和平均池化操作。

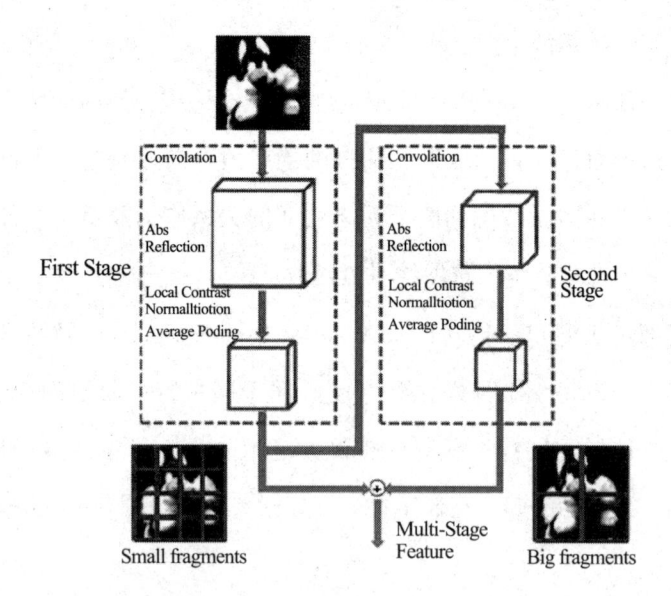

图2—4 两阶段深度神经网络结构图

---

① He Y, Dong Z, Yang M, et al. Visual Tracking Using Multi - stage Random Simple Features. 2014 22nd International Conference on Pattern Recognition. 2014：4104 - 4109.

二、稀疏滤波

稀疏滤波（Sparse Filtering）是一种非监督的特征学习方法，其目标是要学得一种稀疏的特征，即学到的特征中只有较少的非零项。[1] 稀疏滤波的超参数只有一个，即要学得的特征的数目。与其他特征学习方法不同，稀疏滤波将经 ℓ_2 归一化的特征的稀疏性作为成本函数进行优化。本书利用稀疏滤波学得滤波器。

很多特征学习算法通过学得可以有效逼近真实数据分布的模型来得到特征，如 autoencoders、[2] 受限玻尔兹曼机[3]等，但由于待调节超参数的数量相对较高，调整参数的运算较为复杂，并且采用不同参数设置对于不同应用场景的效果影响很大，不容易实现和应用。

稀疏滤波的目标是寻找一种简单有效的算法，并且进行很少的参数调节。因此，稀疏滤波从特征分布的稀疏性入手，考虑其中几个关键特性：群体稀疏性、周期稀疏性和高分散度等，避免对数据分布进行直接的显性建模，从而避免了每个迭代中复杂的推测和参数调整等。

用 x 和 X 分别表示向量和矩阵。定义一个数据矩阵 $X = \{x_1, x_2, \cdots, x_n\} \in R^{d \times n}$，其中每列都是数据点。定义 $F？R^{t \times n}$ 是一个在

---

[1] Ngiam J, Koh P, Chen Z, et al. Sparse Filtering. . NIPS, 2011: 1 – 9.

[2] VINCENT HLYB, PAM. Extracting and Composing Robust Features with Denoising Autoencoders. Proceedings of the Twenty – fifth International Conference on Machine Learning. 2008: 1096 – 1103.

[3] Hinton G E, Osindero S, Teh Y – W. A Fast Learning Algorithm for Deep Belief Nets. Neural Computation, 2006, 18（7）: 1527 – 1554.

X 上的特征分布矩阵，其中每一行是一个特征，每一列是一个样本。元素 F_{ij} 是第 j 个样本对第 i 个特征的响应强度。稀疏滤波的目标是获得一个滤波器的合集 $S = [s_1, s_2, \cdots, s_n] \in R^{d \times t}$，满足 $F = S^T X$，因此 $F_{ij} = s_i^T x_j$，即 S 中的每一列是一个滤波器。

令 $f_{i,\Delta} \in R^{1 \times n}(i = 1, 2, \cdots, t)$ 表示 F 中的第 i 行，$f_{\Delta, i} \in R^t \times 1(i = 1, 2, \cdots, n)$ 表示 F 中的第 j 列。稀疏滤波的目标函数计算步骤包括以下三步。

1. 对 F 按照行归一化。对特征矩阵中的特征在所有样本上进行 ℓ_2 归一化，即每个特征在所有样本上除以其 ℓ_2 范数 $\tilde{f}_{i,\Delta} = f_{i,\Delta} / \|f_{i,\Delta}\|_2$。

2. 对 F 按照列归一化。在第一步的基础上，对特征矩阵中的样本在所有特征上进行 ℓ_2 归一化，即每个样本在所有特征上除以其 ℓ_2 范数 ($\hat{f}_{\Delta, j} = \tilde{f}_{\Delta, j} / \|\tilde{f}_{\Delta, j}\|_2$)。

3. 将特征分布矩阵 $\hat{F}$ 中所有的元素相加。

最终，稀疏滤波模型的数学描述是：

$$\min_s \|\hat{F}\| = \sum_{i=1}^{t} \sum_{j=1}^{n} |\hat{F}_{ij}| \quad (2\text{—}4)$$

等于

$$\min_s \sum_{j=1}^{n} \|\hat{f}_{\Delta, i}\|_1 = \sum_{j=1}^{n} \left\|\frac{\tilde{f}_{\Delta, j}}{\|\tilde{f}_{\Delta, j}\|_2}\right\|_1 \quad (2\text{—}5)$$

稀疏滤波的目标函数使得特征分布具有三个特点：

群体稀疏性（Population Sparsity）指的是每个样本只有少量的特征被激活（非 0）。也就是说，对特征分布矩阵的每一列，即每个样本的特征响应，只有少量非零元素，其他元素都是 0，每个样品都只通过很少的激活特征来描述。例如，一张图片可以通过描述图中的物品来描述，但物品的类别可以有很多类，出现在图中且可以用于区别本图片与其他图片的物品并非同时大量出现。这一特性被称为群体稀疏性（Population Sparsity）。

稀疏滤波对群体稀疏性的优化体现在式（2—5）的 $\left\|\frac{\tilde{f}_{\Delta,j}}{\|\tilde{f}_{\Delta,j}\|_2}\right\|_1$ 项，式（2—5）中正则化的 $\hat{f}_{\Delta,i}$ 被限制在单位半径 $\ell 2$ 球上，对 Σ 最小化即要求样本特征稀疏。正则化的一个特性是在特征之间引入竞争，一个分量的增加必然导致其他分量的减小。同时，考虑到最小化过程倾向于使得正则化后的特征保持稀疏，最终结果就是一部分特征被激活而绝大部分特征很小或接近于0。

高分散度（High Dispersal）指的是特征分布矩阵在不同的特征上具有相似的统计特性。也就是说，对于特征矩阵中每行代表的每个特征，其统计分布应该是相似的，没有哪个特征比其他的特征要活跃得多，所有的特征有着相似的贡献度。这一特点避免了某些特征一直处于激活状态的情况。第2步中对特征矩阵中的样本在所有特征上进行 ℓ_2 归一化，即为对高分散度进行优化。

周期稀疏性（Lifetime Sparsity）指每个特征在整个周期中有大量的非激活样本。特征应该具有一定的区分度，每个待区分的样本，在整个周期中应该有相对独有的特征，也就是每个特征只允许在少量的样本内被激活。体现在特征分布矩阵中则为，矩阵的每一行表示的一种特征只有少量的非零元素，其他元素均为0。特征只描述特定的样本。这一特点被称为周期稀疏性（Lifetime Sparsity）。

从特征分布出发,在满足高分散度的条件下优化群体稀疏性,满足这两个条件的特征也会满足周期稀疏性。[1]

第三节 深度通道特征

视觉特征是输入图像到输出特征的映射。不同特征表现输入视觉图像的不同特性和方面,如轮廓、材质、边缘等。计算通道特征的时候,通过对原图像多种变换得到多个通道。通道特征被证实对行人检测的计算具有很好的效果。[2][3]

一种通道特征为 P. Dollár 等人提出的聚集通道特征(Aggregated Channel Feature),[4] 采用固定大小的处理窗,计算处理窗中所有像素之和,通过非线性投影和降采样计算得出。

聚集通道特征的计算过程如图 2—5 中所示,对输入图像 I,首先计算其若干通道 $C = \Omega(I)$;其次每个通道被分成固定大小的处理窗口,窗口内的所有像素取和并进行平滑,得到降采样后的通道;最后对通道进行向量化得到聚集通道特征。

P. Dollár 等人在计算其提出的聚集通道特征时采用了 10 个通道:

---

[1] Ngiam J, Koh P, Chen Z, et al. Sparse Filtering. NIPS, 2011: 1 – 9.
[2] Zhang S, Benenson R, Schiele B. Filtered channel features for pedestrian detection. Proceedings of the IEEE Computer Society Conference on Computer Vision and Pattern Recognition. 2015, 07 – 12 – June: 1751 – 1760.
[3] Yang B, Yan J, Lei Z, et al. Convolutional channel features. Proceedings of the IEEE International Conference on Computer Vision. 2016, 11 – 18 – Dece: 82 – 90.
[4] Dollar P, Appel R, Belongie S, et al. Fast feature pyramids for object detection. IEEE Transactions on Pattern Analysis and Machine Intelligence, 2014, 36 (8): 1532 – 1545.

归一化梯度幅值通道、HOG 通道（6 个通道）和 LUV 通道，在提取通道特征前对输入图像 I 通过 [121]/4 滤波器进行平滑处理。选择 4×4 区域进行聚集后，再用 [121]/4 滤波器进行平滑处理。

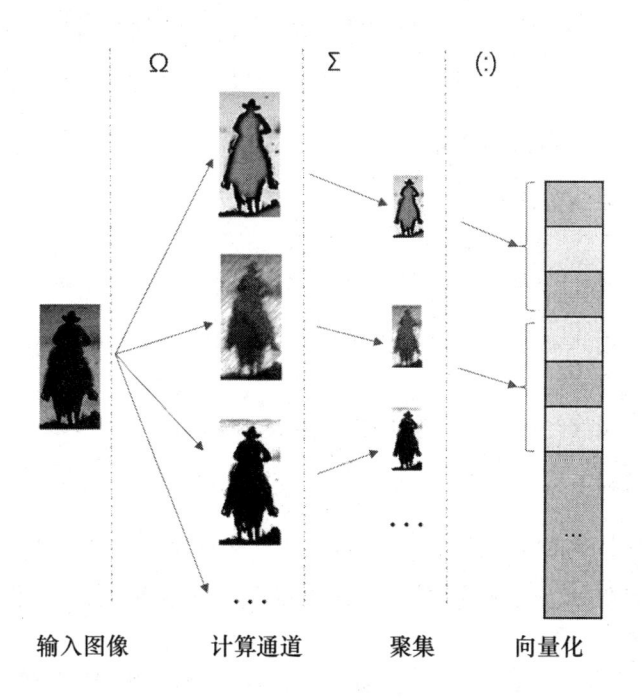

图 2—5　聚集通道特征的计算

比较聚集通道特征的计算过程和卷积神经网络模型中的基本操作可以发现，如果将卷积神经网络的滤波和非线性映射看做一个更为复杂的非线性映射，与聚集通道特征的非线性投影比较，卷积神经网络的池化和降采样操作与聚集通道特征的降采样比较，都具有一定的相似性。因此，聚集通道特征和卷积神经网络在计算结构上具有一定的可比性：都通过非线性映射和降采样输出结果。区别在于通道特征的非线性映射和降采样是手动设计的，而卷积神经网络模型中的映射（即滤波器）是通过非监督学习的方式从大量无标签数据中获得。深度卷积神经网络，可以得到边缘等底层信息敏感的特征，也可以得到包含语义信息的中层特征。

卷积神经网络模型中有大量的卷积和计算复杂度较高的非线性映射，结合手动设计的底层特征和非监督方式学得的中层特征一同来进行行人检测，利用卷积神经网络获取深度通道特征是本书研究行人特征表现的重点。

一、行人通道特征和深度通道特征

原始图像经过任意一个变换被称为一个通道（channel）。在一个变换的基础上再经过任意一次或多次变换则成为一个深度通道。变换的次数即为通道的深度。通道的深度可以是任意的。深度通道的计算过程如图2—6所示，图中给出了深度为2的深度通道计算过程。

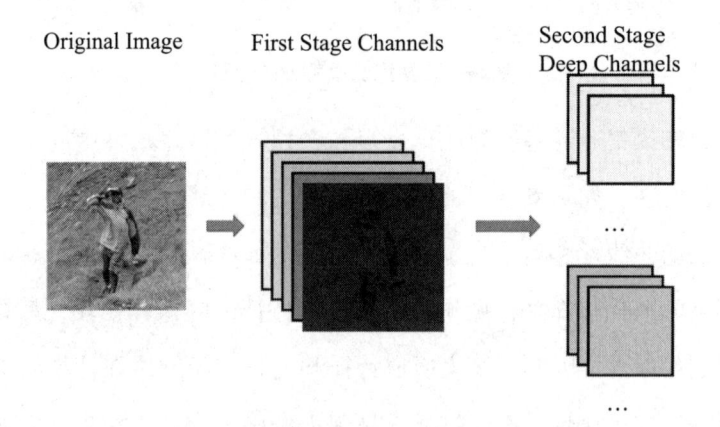

图2—6 深度为2的深度通道计算过程

第一层通道特征通过对原图像进行任意变换得到，变换可以是HOG、SIFT、灰度或者任何类型人为选择的变换，也可以是通过非监督学习的方法学习到的变换。在得到通道特征后，对每个通道再进行进一步的变换，同样可以是人为选择的变换，也可以是通过非监督学习得到的变换，得到深度为 2 的通道。以此类推，再继续对深度为 2 的通道进行变换，可以得到深度为 3，4，…，n 的深度通道。

二、深度通道特征的提取

本书定义一个深度通道由原始图像经过若干变换得到，变换次数则为深度通道的深度。为节省计算成本和存储成本，本书将通道深度定位 2。第一级深度包含 10 个通道，即 LUV 通道、梯度幅值通道和 HOG 通道（6 个通道）。[①] 第一级变换得到的 10 个通道作为第二级通道计算的输入，即两阶段网络神经网络的输入。

本书采用稀疏滤波来训练整个模型。从每个通道中收集大量图像块，在每个通道上通过 L - BFGS 算法进行优化，一共进行 10 次每次学习 8 个滤波器的学习。在学习结束后得到一组共 80 个滤波器（filter bank）。图 2—7 显示由神经网络在 INRIA 数据集上学习到的滤波器。

---

① Dollar P, Appel R, Belongie S, et al. Fast feature pyramids for object detection. IEEE Transactions on Pattern Analysis and Machine Intelligence, 2014, 36 (8): 1532 - 1545.

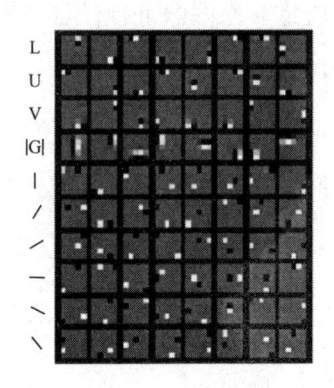

图 2—7 由深度网络在 INRIA 数据集上学得的滤波器

三、用于行人检测的特征构成

本书中，以模板大小为区别，分别选择 120×60 和 64×32 为模板大小，训练了两个行人检测器。

本书将 80 个深度通道、6 个 HOG 通道、3 个 LUV 通道、1 个梯度幅值通道进行组合，形成融合的特征，同时对底层特征的处理：即对底层通道特征进行模糊处理，在 3 个 LUV 通道、1 个梯度幅值通道、6 个 HOG 通道上采用 3×3 和 2×2 的均值窗口进行处理，然后以步长为 4 进行降采样。

对 CNN 的处理：在两阶段神经卷积网络中采用 3×3 和 2×2 池化处理。

综上，采用 120×60 模板的特征向量维度是 120×60/16×10 + 120×60/16/9×80 = 8500。采用 64×32 模板的特征向量维度是 64×32/16×10 + 120×60/16/4×80 = 1950。

第四节　基于深度通道特征的行人检测

为保证分类的速度，本书采用了 Boosting 分类器。本书训练了由 2048 个弱分类器构成的 Boosting 分类器，每个弱分类器为一个 2 层决策树，在多尺度上采用滑动窗口的搜索策略。训练策略采用增量式和连级式，将前一阶段分类错误的负样本（非行人样本）随机替换掉样本池中的一部分负样本，保持样本总数不变，作为下一阶段的训练样本。

训练共持续 3 个阶段，且决策树数量采取递增方法，从 32，128，512 到 2048，2048，2048，分别对应阶段 C0 到 C5。

对所有检测到的正样本窗口，本书进行非最大化抑制操作。

定义两个处理窗口 W_a 和 W_b 的覆盖率为

$$S = \frac{|W_a \cap W_b|}{|W_a \cup W_b|}$$

如果 S 小于 60%，则打分较低的处理窗口将被淘汰。通过对检测结果进行非最大化抑制得到最终检测结果。最大化抑制操作过程

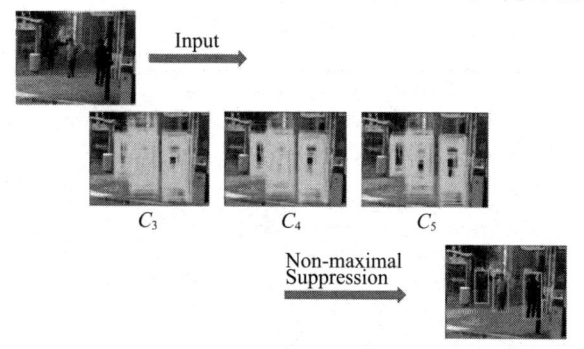

图 2—8　最大化抑制得到的跟踪结果

如图 2—8 所示。

其中 |·| 计算区域内的像素个数。

采用 Boost 分类器的行人检测具体算法列于表 2—1。

表 2—1　行人检测算法

输入：行人样本，非行人样本（N_{max}）
输出：C_3，C_4，C_5
算法：
Tree_ num = [32, 128, 512, 2048, 2048, 2048]
从行人样本中提取特征（N_+）
for i = 0：5
if i = = 0
从非行人样本（N_-）中随机提取特征；
else
将分类器 Ci 作用于 N－，将得到的负检测增加进 N－；
随机替换 N－中的样本；
保持 Nmax 不变；
else_ if
训练分类器 Ci；
end_ for

◆ 第五节　实验结果 ◆

一、实验设置

本书在四个公共数据集上，采用亚雷·道拉（Piotr Dollár）等人提出的行人检测 benchmark[①] 的评价方法，对本方法进行了检测。

本书利用 INRIA 数据集对模板大小 120×60 的行人检测器 1 进行训练，其中训练得到的行人检测器 1 也用于对 ETH 数据集和 TUD 数据集的检测。为处理 ETH 数据集和 TUD 数据集上较小的行人目标，在检测前将两个数据集中的图像转化至 1280×96 像素。用 CalTech 数据集对模板大小为 64×32 的行人检测器 2 进行训练，且在训练前去除了 CalTech 数据集中包含遮挡的数据。

行人检测 benchmark[②] 的评价方法采取的数据集包括 CalTech、ETH、TUD、Daimler 和 INRIA，本书选取了其中的 4 个数据集：INRIA 数据集、ETH 数据集、TUD 数据集和 CalTech 数据集，并没有采用 Daimler 数据集，主要是因为其不包含色彩信息，对于 LUV 通道的提取没有意义。

采用亚雷·道拉等人提出的行人检测 benchmark[③] 的评价方法对本书中的方法与大量算法进行了比较，包括经典算法和目前高水平

[①] Dollár P, Wojek C, Schiele B, et al. Pedestrian detection：An evaluation of the state of the art. IEEE Transactions on Pattern Analysis and Machine Intelligence，2012，34（4）：743－761.

[②] Dollár P, Wojek C, Schiele B, et al. Pedestrian detection：An evaluation of the state of the art. IEEE Transactions on Pattern Analysis and Machine Intelligence，2012，34（4）：743－761.

[③] Dollár P, Wojek C, Schiele B, et al. Pedestrian detection：An evaluation of the state of the art. IEEE Transactions on Pattern Analysis and Machine Intelligence，2012，34（4）：743－761.

的算法，以及相关度较高的算法，如 VJ、① HOG、② HogLbp、③ Chn-Ftrs、④ ACF、⑤ ACF – CalTech、⑥ ConvNet、⑦ WordChannels、⑧ InformedHaar、⑨ MultiFtr + CSS、⑩ Mul – tiFtr + Motion、⑪ LatSvm – v2、⑫

---

① Viola P, Jones M J, Snow D. Detecting pedestrians using patterns of motion and appearance. International Journal of Computer Vision, 2005, 63 (2): 153 – 161.

② Dalal N, Triggs B. Histograms of oriented gradients for human detection. Proceedings – 2005 IEEE Computer Society Conference on Computer Vision and Pattern Recognition, CVPR 2005. 2005, I: 886 – 893.

③ Wang X, Han T X, Yan S. An HOG – LBP Human Detector With Partial Occlusion Handling. Computer Vision, 2009 IEEE 12th International Conference on, 2009 (ICCV): 32 – 39.

④ Dollár P, Tu Z, Perona P, et al. Integral Channel Features. BMVC 2009 London England, 2009: 1 – 11.

⑤ Appel R, Belongie S, Perona P, et al. Fast Feature Pyramids for Object Detection. In Proceedings of the International Conference on Machine Learning (ICML), 2013: 594 – 602.

⑥ Appel R, Belongie S, Perona P, et al. Fast Feature Pyramids for Object Detection. In Proceedings of the International Conference on Machine Learning (ICML), 2013: 594 – 602.

⑦ Sermanet P, Kavukcuoglu K, Chintala S, et al. Pedestrian Detection with Unsupervised Multi – stage Feature Learning. 2013 IEEE Conference on Computer Vision and Pattern Recognition. 2013: 3626 – 3633.

⑧ Costea A D, Nedevschi S. Word channel based multiscale pedestrian detection without image resizing and using only one classifier. Proceedings of the IEEE Computer Society Conference on Computer Vision and Pattern Recognition. 2014: 2393 – 2400.

⑨ Zhang S, Bauckhage C, Cremers A B. Informed haar – like features improve pedestrian detection. Proceedings of the IEEE Computer Society Conference on Computer Vision and Pattern Recognition. 2014: 947 – 954.

⑩ Walk S, Majer N, Schindler K, et al. New features and insights for pedestrian detection. Proceedings of the IEEE Computer Society Conference on Computer Vision and Pattern Recognition. 2010: 1030 – 1037.

⑪ Walk S, Majer N, Schindler K, et al. New features and insights for pedestrian detection. Proceedings of the IEEE Computer Society Conference on Computer Vision and Pattern Recognition. 2010: 1030 – 1037.

⑫ Felzenszwalb P F, Girshick R B, Mcallester D. Cascade object detection with deformable part models. Proceedings of the IEEE Computer Society Conference on Computer Vision and Pattern Recognition. 2010: 2241 – 2248.

SkethTokens、① Roer – ei、② LDCF、③ DBN – Mut、④ FPDW、⑤ Crosstalk、⑥ VeryFast⑦ 等算法。

行人检测 benchmark⑧ 的评价方法首先明确了任何检测算法的检测结果为检测窗口（Bounding Box, BB）和对应的检测信度（Detection Confidence）数值。

检测标准之一为检测窗口 BB^{dt} 与真实目标窗口 BB^{gy} 之间的覆盖比率 a_0 大于 0.5 作为判断检测正确的标准。

$$a_0 = \frac{BB_{dt}}{BB_{gt}} > 0.5 \qquad (2\text{—}6)$$

当一个检测窗口 BB^{dt} 与多个真实窗口的覆盖比率大于 0.5 时，

---

① Lim J J, Zitnick C L, Dollar P. Sketch tokens: A learned mid – level representation for contour and object detection. Proceedings of the IEEE Computer Society Conference on Computer Vision and Pattern Recognition. 2013: 3158 – 3165.

② Benenson R, Mathias M, Tuytelaars T, et al. Seeking the strongest rigid detector. Proceedings of the IEEE Computer Society Conference on Computer Vision and Pattern Recognition. 2013: 3666 – 3673.

③ Nam W, Dollár P, Han J H. Local Decorrelation For Improved Detection. Nips, 2014: 1 – 9.

④ Ouyang W, Zeng X, Wang X. Modeling Mutual Visibility Relationship in Pedestrian Detection. Computer Vision and Pattern Recognition (CVPR), 2013 IEEE Conference on. 2013: 3222 – 3229.

⑤ Dollar P, Belongie S, Perona P. The Fastest Pedestrian Detector in the West. Proceedings of the British Machine Vision Conference 2010. 2010: 68. 1 – 68. 11.

⑥ Dollár P, Appel R, Kienzle W. Crosstalk cascades for frame – rate pedestrian detection. Lecture Notes in Computer Science (including subseries Lecture Notes in Artificial Intelligence and Lecture Notes in Bioinformatics) . 2012, 7573 LNCS (PART 2): 645 – 659.

⑦ Benenson R, Mathias M, Timofte R, et al. Pedestrian detection at 100 frames per second. Proceedings of the IEEE Computer Society Conference on Computer Vision and Pattern Recognition. 2012: 2903 – 2910.

⑧ Dollár P, Wojek C, Schiele B, et al. Pedestrian detection: An evaluation of the state of the art. IEEE Transactions on Pattern Analysis and Machine Intelligence, 2012, 34 (4): 743 – 761.

即在一个检测窗口与多个真实窗口有重叠覆盖的情况下，评价方法只选择匹配一次 a_0 值最高的覆盖。未能满足覆盖条件的 BB_{dt} 被标记为假阳性误报（False Positives），为检测错误发生的情况；未能被匹配的 BB_{gt} 被标记为假阴性误报（False Negatives），为未能正确检出的行人样本。

为了对不同算法进行比较，行人检测 benchmark[①] 的评价方法将错分率和每张图片的假阳性（False Positve Per Image，FPPI）的 log 曲线，根据不同检测信度阈值进行了绘制（参见图 2—9）。曲线越靠下则对应算法的性能越出色。这一曲线与 ROC 和 PR 曲线相比，在许多应用中具有更好的表现能力，因为许多实际应用对于 FPPI 的上限有明确的限制。

为了量化各算法的性能，定义对数平均错分率为 9 个在对数空间平均分布的 FPPI 对应的错分率的平均数。对数空间选择为 10^{-2} 到 10^0。对数平均错分率通过一个数值表示整条曲线。对数平均错分率比单独取中值，即取 10^{-1} FPPI 对应的错分率，具备更好的稳定性，同时也包含更多的信息。对数平均错分率在图 2—6 中以图例的形式标注在算法名称之前。

二、对比分析

从图 2—9 的曲线对比可以看出，本书方法在各数据集上都取得

---

① Dollár P, Wojek C, Schiele B, et al. Pedestrian detection: An evaluation of the state of the art. IEEE Transactions on Pattern Analysis and Machine Intelligence, 2012, 34 (4): 743 - 761.

了具有可比性的效果。图2—11给出了本书方法在各数据集上的检测结果。但在CalTech数据集上，检测模糊和偏小的行人时仍遇到挑战。

在与相似算法进行比较时，本书的方法分别与单纯基于通道特征的方法ChnFtrs、Crosstalk、ACF、FPDW、VeryFast和单纯基于卷积神经网络的ConvNet进行了比较。表2—2列出了本书算法和上述算法的对比结果。本书的算法相对上述单纯基于通道特征的方法和单纯基于卷积神经网络的算法在INRIA、ETH、TUD数据集上均有了显著提高，在CalTech数据集比大部分算法也有提高，特别是在各个数据集上对于单纯基于卷积神经网络的ConvNet算法有了显著提高。

通过融合表示底层信息的通道特征和在此基础上由神经网络学得的深度通道特征，可以更好地表现行人外观特征，对提高检测效果具有明显的作用。

表2—2 各算法对比结果

Algorithm	Classifier	INRIA	TUD	ETH	CalTech
ChnFtrs	Boosting	22.18%	60.35%	57.47%	56.34%
ACF	Boosting	17.16%	/	51.17%	44.22%
Crosstalk	Boosting	18.98%	57.97%	51.94%	53.88%
FPDW	Boosting	21.47%	63.08%	60.10%	57.40%
VeryFast	Boosting	15.96%	/	54.82%	/
ConvNet	Logistic Regression	19.89%	68.87%	50.27%	77.20%
Ours	Boosting	11.48%	52.61%	48.62%	50.67%

三、决策树个数的影响

单纯提高分类器中决策树个数并不一定能提高最终检测性能。由图2—7列出的分类器中决策树个数与检测精度的关系可以看出，从C3阶段将分类器增加至2048个开始，C4、C5的检测性能不再显著提高。继续单纯地增加决策树的数量容易造成过拟合，发生过拟合后，分类器的性能不随着决策树数量的增加而提高，最终本书将C3级至C5级连起来提高检测性能。

四、未识别情况分析

对本书的方法在INRIA数据集上未能成功检测的结果进行分析，发现未识别情况主要集中在以下两类特殊情况：首先，光照强度特别强烈或者光照非常弱。在这种情形下，行人与背景的区分度不大，较难检出。其次，行人形变较大且同时与其他物体交互，由于这种情形未在训练集内有所涵盖，存在未识别情况。图2—11列举了部分未识别情况。

第二章 基于深度通道特征的行人检测 | 063

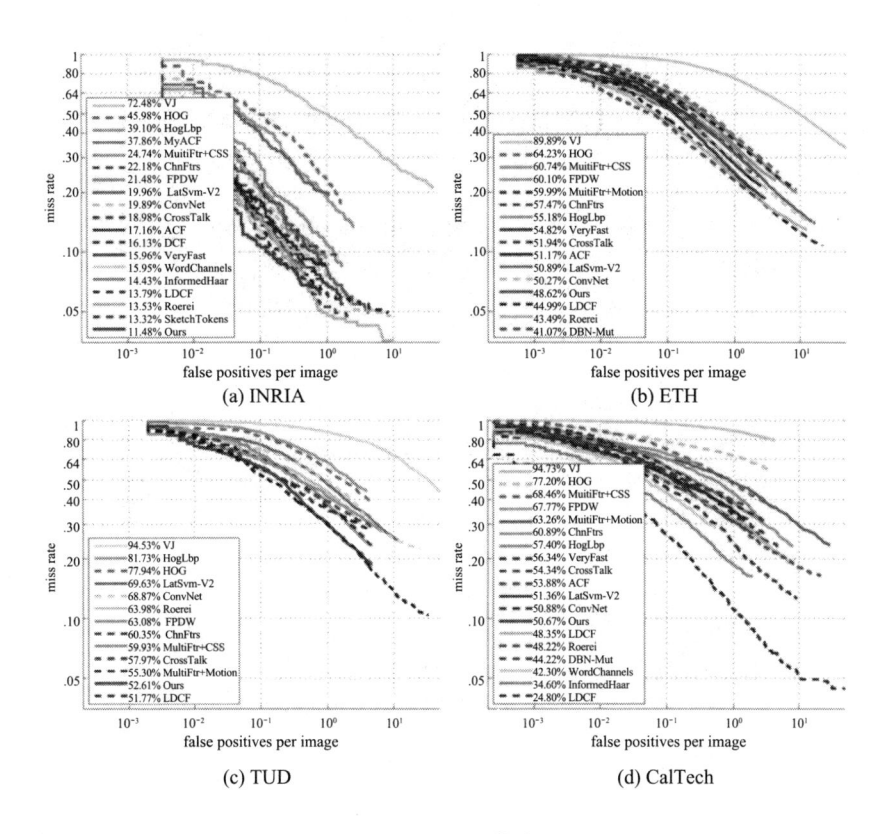

(a) INRIA
(b) ETH
(c) TUD
(d) CalTech

图 2—9 FPPI 曲线图

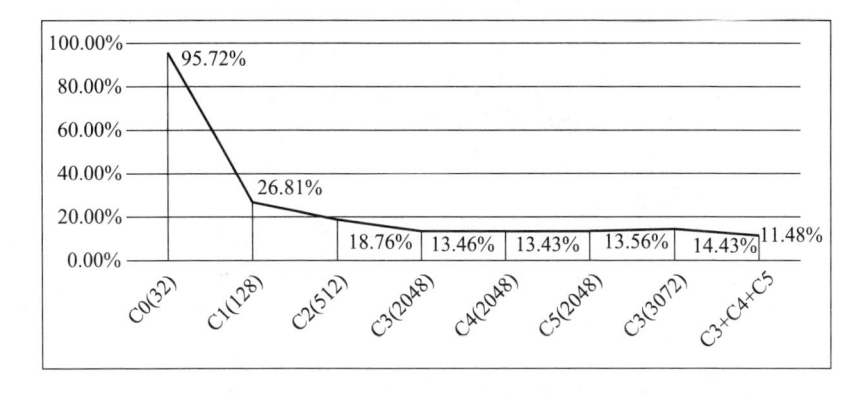

图 2—10 分类器中决策树个数与检测精度

图 2—11 本书方法在各数据集上的检测结果

图 2—12 INRIA 数据集上未能检测出的行人目标

第六节 小 结

本章主要针对行人检测问题进行了研究。通过稀疏滤波方法训练一个用于提取深度特征的两阶段卷积神经网络，训练出在通道特征的基础上提取深度通道特征的滤波器。本章训练了 Boosting 分类器，并在多个数据集上与多种检测方法进行了对比实验，取得了较好的效果；充分证明结合底层特征和深度特征的检测方法相对于直接采用卷积神经网络或者只采用通道特征的检测方法，有提高检测效果的作用。

第三章　基于字典学习的行人跟踪方法

◆ 第一节　引　言 ◆

在完成行人检测任务后，本章开始讨论行人跟踪算法。前文提出，行人跟踪算法主要包含行人目标初始化、表现建模、运动描述和目标定位四部分。其中表现建模主要是描述行人的视觉特征，如颜色、纹理、部件等，以及如何度量视觉特征之间的相似度和区分度。外观表现建模是决定跟踪算法是否能够成功的最重要的先决条件。设计一个有效的外观表现模型仍面临大量的困难：背景与行人外观的相近性、目标的非刚性形变、局部遮挡、光照变化等。

面对外观表现建模遇到的困难，大量相关研究[1][2][3][4][5][6][7]产生了很多有效的跟踪过算法。本章研究判别式字典学习（Discriminative Dictionary Learning，简称 DLL）跟踪学习方法。通过增加判别式字典学习的区分能力，构建更具备重建能力、压缩性和区分力的字典，以期更准确地从复杂背景中区分出目标。

第二节 非冗余限定的字典学习

字典学习可用于描述被跟踪目标的外观。但由于跟踪任务中常遇到的外观变化，特别是在背景干扰、目标形变、遮挡或者光照变化等情况下，如何设计一个高效的基于字典学习的外观模型，使其

---

[1] Mei X, Ling H. Robust visual tracking using ℓ_1 minimization. 2009 IEEE 12th International Conference on Computer Vision，2009：1436 - 1443.

[2] Wu Y, Ma B, Yang M, et al. Metric Learning Based Structural Appearance Model for Robust Visual Tracking. Circuits and Systems for Video Technology，IEEE Transactions on，2014，24（5）：865 - 877.

[3] Yao R, Shi Q, Shen C, et al. Part - based visual tracking with online latent structural learning. Proceedings of the IEEE Computer Society Conference on Computer Vision and Pattern Recognition. 2013：2363 - 2370.

[4] Mei X, Hong Z, Prokhorov D, et al. Robust Multitask Multiview Tracking in Videos. IEEE Transactions on Neural Networks and Learning Systems，2015，26（11）：2874 - 2890.

[5] Wang L, Ouyang W, Wang X, et al. Visual tracking with fully convolutional networks. Proceedings of the IEEE International Conference on Computer Vision. 2016，11 - 18 - Dece：3119 - 3127.

[6] Ma C, Huang J Bin, Yang X, et al. Hierarchical convolutional features for visual tracking. Proceedings of the IEEE International Conference on Computer Vision. 2016，11 - 18 - Dece：3074 - 3082.

[7] Zhang L, Lu H, Du D, et al. Sparse Hashing Tracking. Tip，2015，7149（c）：1 - 2.

既具有良好的重建能力，又具备绝佳的区分性能，在目前仍具有一定的挑战性。

一、字典学习在分类与跟踪中的局限性

传统基于字典学习的分类或跟踪算法经常不具备很好的区分性，特别是在目标之间或者目标和背景之间共享一部分视觉模式或者视觉表现的情况下，这一局限性尤为突出。视跟踪问题是一个二分问题，当前大部分字典学习跟踪器[1][2][3]很难区分相似的视觉模式。如图 3—1 左栏所示情况，大部分字典学习跟踪算法都不能被成功地加以区分，导致不能正确地估计目标所在位置。

造成这一局限性的主要原因是，视觉相似性会使得学习得到的字典更趋向于表现相似的视觉模式，具有视觉相似性的不同类目标或目标和背景可能被相同的字典元素所编码。因此，与具备区分性的编码相比，字典往往更倾向于学得相似的编码。这一特性常导致被用于区分高度相似目标的微小视觉信息的丢失。另外，虽然过完备的字典可以有效地进行稀疏编码，对这些稀疏编码连续的估算则

---

[1] Yang F, Jiang Z, Davis L S. Online Discriminative Dictionary Learning for Visual Tracking. Applications of Computer Vision (WACV), 2014 IEEE Winter Conference on. 2014: 854 – 861.

[2] Wang D, Lu H, Yang M H. Least soft – threshold squares tracking. Proceedings of the IEEE Computer Society Conference on Computer Vision and Pattern Recognition. 2013: 2371 – 2378.

[3] Wang Q, Chen F, Xu W, et al. Object tracking with joint optimization of representation and classification. IEEE Transactions on Circuits and Systems for Video Technology, 2015, 25 (4): 638 – 650.

需要大量的计算和存储空间，这进一步限制了字典学习在分类和跟踪中的应用场景。在跟踪应用中，目标的外观经常会连续发生变化，跟踪器需要大量的多外观的样本才能正确描述实际的概率分布。然而真实准确的样本只能来自于视频序列中标定目标位置的第一帧，取得的样本数量往往远远小于稀疏编码的维度，跟踪算法常会受到拟合的困扰。

前期相关研究虽然取得了一定的效果，但由于大部分算法对背景影响的考虑不够全面，[1][2] 很容易在处理混乱背景或者前景背景模式相似的时候降低效果。虽然也有部分算法[3][4]在构建字典的时候考虑了背景因素，但由于采用了固定的字典模型，其难以适应行人外观的变化。另一些基于字典学习的在线跟踪算法[5][6]对字典进行了在线更新，但字典的学习和分类器的学习是相互孤立的。

由于上述局限性，分类或跟踪等视觉分析需要研究一种可重建、

---

[1] Jia X, Lu H, Yang M H. Visual tracking via adaptive structural local sparse appearance model. Proceedings of the IEEE Computer Society Conference on Computer Vision and Pattern Recognition. 2012：1822 – 1829.

[2] Zhong W, Lu H. Robust Object Tracking via Sparsity – based Collaborative Model ［J］. 2012 IEEE Conference on Computer Vision and Pattern Recognition, 2012：1838 – 1845.

[3] Wang Q, Chen F, Xu W, et al. Object tracking with joint optimization of representation and classification. IEEE Transactions on Circuits and Systems for Video Technology, 2015, 25 (4)：638 – 650.

[4] Liu B, Huang J, Yang L, et al. Robust tracking using local sparse appearance model and K – selection. Cvpr 2011, 2011：1313 – 1320.

[5] Wang N, Wang J, Yeung D Y. Online robust non – negative dictionary learning for visual tracking. Proceedings of the IEEE International Conference on Computer Vision. 2013：657 – 664.

[6] Wang Q, Chen F, Xu W, et al. Online discriminative object tracking with local sparse representation. Proceedings of IEEE Workshop on Applications of Computer Vision. 2012：425 – 432.

压缩的、具有相当区分性的字典学习方法。本书的方法则将分类错误纳入目标函数，同时得到较好的分类器和具有区分度的字典。图 3—1 比较了传统字典学习与本书提出的字典学习算法。图 3—1 左：大部分 DLL 跟踪器倾向于将难区分的目标用相同的字典元素编码。图 3—1 右：本书的方法同时学得紧凑的共享字典和非冗余的类别相关字典。图中红色实线边界框为真值，蓝色虚线边界框为候选目标。

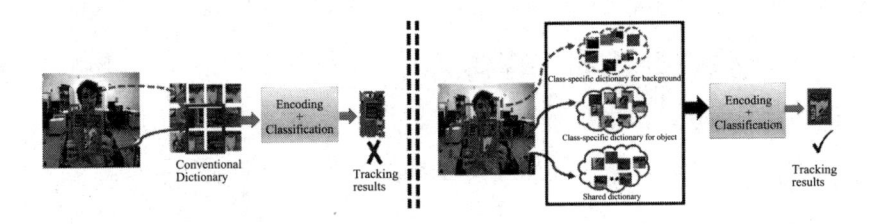

图 3—1　传统字典学习算法和本书字典学习算法的比较

二、增加字典学习区分度的非冗余限定条件

通过对视觉研究特点的观察，可以得出：（1）由于类间视觉信息的相关性，类的基在不同类之间也存在相关，甚至相同。这部分冗余的信息对区分目标类别没有任何贡献，甚至会损耗区分能力。但由于这些信息在重建目标过程中具有至关重要的作用，直接去除信息将会丢失。比较合理的办法是在目标函数中引入类间非冗余限定条件。（2）许多基于字典学习的方法在更新字典的时候，没有考虑到范数约束，因此类内稀疏系数往往大部分为 0，极少数的系数则有相对较大的绝对值。这就破坏了稀疏编码的稳定性，造成跟踪和

分类的不准确。因此，通过引入类内非冗余限定条件，让类内的稀疏编码更密集，绝对值差别不大，有利于确保稀疏编码的稳定性。

基于以上两点观察，本书提出新的字典学习方法，既考虑类间视觉相关性，又考虑类内相关性。为了增强字典学习的能力，本书的方法对目标函数也进行了调整，除了分类错误外，还引入了不同的限定条件。本书提出的字典学习既学习了紧凑的共享的字典，又学习了与各类别相关的非冗余的代表类的字典。

当有 C 类独立样本时，令 $X = [X_1, \cdots, X_c, \cdots, X_C] \in R^{d \times N}$ 为包含 N 个样本的训练集。其中 $X_c \in R^{d \times N_c}$ 包含第 c 类中的样本，N_c 为 c 类中的样本个数。类别相关的字典记作 $B_c \in R^{d \times K_c}$ ($c = 1, 2, \cdots, C$)，类间共享的字典记作 $B_0 \in R^{d \times K_0}$。K_0 和 K_c 分别为类间共享字典内的基的个数和第 c 类字典内的基的个数。B_c 用于描述各个类内与本类有密切关系的视觉特性，B_0 用于描述不同类之间共享的视觉特性。因此，学习到的全部字典为 $B = [B_0, B_1, \cdots, B_c, \cdots, B_C] \in R^{d \times K}$，其中 $K = \sum_{c=0}^{C} K_c$ 为字典的基的个数。令 A 为 X 在 B 上的稀疏系数矩阵，使 $X = BA$，其中 A 可以表示为 $A = [A_1, \cdots A_c, \cdots A_C] \in R^{K \times N}$，其中 $A_c \in R^{K \times N_c}$ 为 X_c 在字典 B 上的编码系数矩阵。

学得的字典 B 应有能力很好的表达 X_C，也就是 $X \approx BA_c$。对每一类的样本，其 A_c 可以记作 $A_c = [A_c^0; A_c^1; \cdots A_c^c; \cdots; A_c^C] \in R^{K \times N_c}$，其中 $A_c^0 \in R^{K_0 \times N_c}$ 是 X_c 在共享字典 B_0 上的编码系数矩阵，$A_c^c \in R^{K_c \times N_c}$ 是 X_c 在子字典 B_c 上的编码系数矩阵。存在 $X \approx BA_c = \sum_{i=0}^{C} B_i A_c^i$。理想情况下，每类样本应该被本类字典 B_c 和共享字典 B_0 表达，只有与

B_0 和 B_c 有关的系数不为 0,即 $X \approx B_0 A_c^0 + B_c A_c^c$。数据保真项记作:

$$C(X, A, B) = \sum_{c=1}^{C} C(X_c, A_c, B, B_0, B_c)$$

$$= \sum_{c=1}^{C} (\|X_c - BA_c\|_F^2 + \|X_c - [B_0, B_c][A_c^0; A_c^c]\|_F^2)$$

(3—1)

式 3—1 中第一项保证整个字典的表达能力,第二项保证每类的样本更倾向于被本类字典 B_c 和共享字典 B_0 表达。只采用第一项不足以学得具有区分各个类别能力的类别字典,而只采用第二项则不能学得最优化的具有各类共性的共享字典 B_0,因为 B_c 和 B_0 之间也有共同的视觉特性。

单纯采用这两项并不足以保证字典具有足够的区分,因此本书还引入了 3 个额外限定条件以增强字典学习的区分能力。

(一) 类间差异限定

为了增加类间区分度,一般期望每一类的字典能充分表示本类的视觉特性,但对于其他类的视觉特性应尽可能进行弱表示。也就是说,A_c^j 应为大部分系数为 0,从而使得 $\sum_{j \neq c, j=1}^{C} \|B_j A_c^j\|_F^2$ 这一 Frobenius 范数取得最小值。为了简化,本书这里引入强限定条件 $\sum_{j \neq c, j=1}^{C} \|A_j^c\|_F^2 \approx 0$ 代替 $\sum_{j \neq c, j=1}^{C} \|B_j A_c^j\|_F^2 = 0$。这一强限定条件的目标是使所有 c 类内的样本,对非本类字典里的基和非共享字典里的基的系数均为 0。

(二) 类间非冗余限定

类间差别限定并不能保证每一类专属的字典里只包含本类的视觉特性而不混入其他类别共有特性。不同类别共享字典的视觉基同样可能出现在不同类专属的字典里。这样,各类字典都有许多冗余信息,这些冗余信息影响了分类和跟踪的精度。因此,不同类字典之间,类字典和共享字典之间的相干性应该最小化。受 I. Ramirez 等人研究中非相干性惩罚项的启发,本书引入类间非冗余限 $min \sum_{j\neq c,j=0}^{C} \|B_c^T B_j\|_F^2$,以最小化不同类字典之间的相关性。这里的 j 从 0 开始,因为本书同样考虑类间共享字典与各类字典的非冗余性。显然,当各类字典的基和共享字典的基相互正交,即不存在冗余的时候,学到的字典 B 有最小的相干性。

(三) 类内非冗余限定

为了降低每类字典内部的相干性,类内非冗余限定 $min \|B_c^T B_c - I_{K_c}\|_F^2$ 也被作为限制条件而引入,以最小化类内基的相关性为目标。这一限制条件能使学得的字典更趋于稳定,从而提高重建的精度。如果不引入这一限制条件,类内字典会包含很多 0 值的基。

在加入上述限定之后,完整的 $C(X, A, B)$ 为

$$\sum_{c=1}^{C} C(X_c, A_c, B, B_0, B_c) = $$
$$\sum_{c=1}^{C} (\|X_c - BA_c\|_F^2 + \|X_c - [B_0, B_c][A_c^0; A_c^c]\|_F^2$$

$$+ \|A_c^{/0,c}\|_F^2 + \lambda_1 \|B_c^T B_{/c}\|_F^2 + \lambda_2 \|B_c^T B_c - I_{K_c}\|_F^2) \quad (3-2)$$

其中，λ_1 和 λ_2 是限定的权重系数。$A_c^{/0,c}$ 为从 A_c 中去除 A_c^0 和 A_c^c 之后的子矩阵 $A_c^{/0,c} = [A_c^1; \cdots A_c^{c-1}; A_c^{c+1}, \cdots; A_c^C] \in R^{(K-K_0-K_c) \times N_c}$。$B_{/c}$ 为从 $B_{/c}$ 中去除 B_c 后得到的子矩阵 $B = [B_0, B_1, \cdots, B_{c-1}, \cdots, B_{c+1}, \cdots, B_C] \in R^{d \times (K-K_c)}$。公式的第一项和第二项用于保障学得字典的表现能力，可以发现视觉相关的类之间的隐含模式。第三项用于确保学得的每类专属字典对其他类具有弱表现能力。更重要的是，公式最后两项为上述类间非冗余限定和类内非冗余，这两项确保学得的字典的非冗余性和稳定性。

◆ 第三节　多类别判别式字典学习跟踪算法 ◆

在加入上述限定后，本书进一步提出了多类别判别式字典学习跟踪算法。本节讨论多类别判别式字典学习的目标函数和基于贝叶斯推理的跟踪算法，讨论分类决策和字典更新策略。

一、多类别判别式字典学习

多类别判别式字典学习模型的目标函数定义如下：

$$(B^*, A^*, W^*) = \arg \min_{B,A,W} \{ \sum_{c=1}^{C} C(X_c, A_c, B, B_0, B_c) + \|H - WA\|_F^2$$
$$+ \beta \|W\|_F^2 + \eta \sum_{c=1}^{C} \|A_c\|_1 \} \quad (3-3)$$

β 是控制权重系数，η 则是与稀疏性有关的系数。目标函数中的 $\|H - WA\|_F^2$ 项为分类误差，$W \in R^{C \times K}$ 为分类器参数。$H = (h_1, h_2, \cdots, h_N) \in R^{C \times N}$ 为 X 的类别标签。每单个样本的类别标签向量 $h_i = (0, 0, \cdots, 1, \cdots, 0, 0)^T \in R^C$，也就是对于 c 类的样本 $x_i \in R^d$，则其第 c 个元素为 1，其余元素均为 0。$\|H - WA\|_F^2 + \beta \|W\|_F^2$ 不仅与学得字典有关，也和产生稀疏系数有关。目标函数并非对于，A_c, B_0, B_c, W 的联合凸函数，但如果固定其他只针对其中一个变量，则目标函数为凸函数。因此，目标函数的优化过程可分解为针对各个变量单独的优化过程。

二、跟踪算法与字典更新

本小节中利用上节提出的多类判别式字典学习，本书引入了基于贝叶斯推理的鲁棒的跟踪算法。

稀疏表达（Sparse Representation）对跟踪算法中目标外观的变化有很好的建模能力，前期研究包括 Mei 和 Ling 提出的采用目标模板和正负噪声模板，通过 ℓ_1 范数最小化得到稀疏线性组合的模型[①]等。然而算法随着候选目标的增加而增加，使得计算时间难以保证。为了提高计算效率，在 ℓ_1 跟踪算法的框架下，很多加速算法被提出，

---

① Mei X, Ling H. Robust visual tracking using ℓ_1 minimization. 2009 IEEE 12th International Conference on Computer Vision, 2009: 1436-1443.

例如 BPR、[①] OMP[②] 和 APG[③] 等。虽然这些算法能够很好地对目标建模，但其观测似然函数并不高效或鲁棒。相对于这些算法，本书引入一个联合决策测量来估计目标最可能的位置。本书提出的跟踪算法的一个主要特征是采用了联合决策测量来构建观测模型。候选目标的质量，通过测量全局编码分类器和学习得到的线性预测分类器得到。在跟踪过程中，测量分数最高的候选目标被认为是正确跟踪结果。

基于多类别判别式字典学习跟踪算法的具体步骤参见表 3—1。

表 3—1　基于多类别判别式字典学习的跟踪算法

	算法：基于多类别判别式字典的跟踪算法
	输入：图像帧 $F_1, F_2, \cdots, F_n$，跟踪目标的状态 s_1，
	输出：跟踪结果 S_t
1	for $t = 1 \rightarrow n$
2	if $= =1$ then
3	取得标定的样本集 $X_1 = X_{N_p} \cup X_{N_n}$
4	初始化样本池 $X_P = X_1$
5	初始化样本缓存池 $X' = [\ ]$
6	用 X_P 初始化 $B^{(0)}$ 和 $W^{(0)}$
7	end

[①] Xue M, Haibin L, Yi W, et al. Minimum error bounded efficient ℓ_1 tracker with occlusion detection. Computer Vision and Pattern Recognition (CVPR), 2011 IEEE Conference on. 2011: 1257 – 1264.

[②] Li H, Shen C, Shi Q. Real – time visual tracking using compressive sensing [J]. IEEE Conf. Computer Vision and Pattern Recognition (CVPR), 2011: 1305 – 1312.

[③] Bao C, Wu Y, Ling H, et al. Real time robust L1 tracker using accelerated proximal gradient approach. Proceedings of the IEEE Computer Society Conference on Computer Vision and Pattern Recognition. 2012: 1830 – 1837.

续表

8	根据运动模型 $p(s_t \mid s_{t-1})$ 采样候选目标 $\widehat{X}$
9	利用公式（3—6）计算候选目标的分类分数，基于（3—4）获得最佳候选
10	在当前帧收集训练样本集 $\overline{X}$，并令 $X' = [X_1; X']$
11	if $t\%T = =0$ then
12	用 X' 更新 X_P
13	if $length(X_P) > \Theta(X_P)$ then
14	从 X_P 中随机去除部分样本
15	end
16	更新字典 B
17	$X' = [\ ]$
18	end
19	$X' = [\ ]$
20	end_ for

（一）贝叶斯状态推理

目标跟踪可以视为含有隐藏状态参数的马科夫模型的贝叶斯推理任务。定义目标的观测集合 $O_{1:t} = \{o_1, o_2, \cdots, o_t\}$，跟踪目标最优状态 s_t 通过最大后验估计 $p(s_t^i \mid O_{1:t})$ 得到，其中 s_t^i 为 t 时刻第 i 个样本的状态。后验概率 $p(s_t \mid O_{1:t})$ 根据贝叶斯定理得到 $p(s_t \mid O_{1:t}) \propto p(o_t \mid s_t) \int p(s_t \mid s_{t-1}) p(s_{t-1} \mid O_{1:t-1}) d s_{t-1}$。贝叶斯推理由动态模型 $p(s_t \mid s_{1:t-1})$ 和观测模型 $p(o_t \mid s_t)$ 主导。

在采用粒子滤波的情况下，后验概率 $p(s_t \mid O_{1:t})$ 可以通过有限

个数 N_s 个粒子样本 $\{s_t^i\}_{i=1}^{N_s}$ 和其重要性权重 $\{\omega_t^i\}_{i=1}^{N_s}$ 求得。在两个连续帧之间采用仿射图像扭曲来对目标异动建模。动态模型 $p(s_t \mid s_{1:t-1})$ 设为高斯分布,即 $p(s_t \mid s_{1:t-1}) = N(s_t; s_{t-1}, \Sigma)$,其中 Σ 为对角协方差矩阵,其对角元素为相应的各个参数的方差。观测模型 $p(o_t \mid s_t)$ 定义为

$$p(o_t \mid s_t) \propto SG_t \qquad (3-4)$$

其中 $SG_t = \kappa(x^{(t)})$ 为 t 时刻的分类决策分数。下个小节将对其进行详细阐述。

(二) 分类决策

对于给定的候选目标 $x \in R^{d \times 1}$,在学得的字典为 $B = [B_0, B_1, \cdots, B_c, \cdots, B_C]$ 上进行编码,得到稀疏编码 $\nu = \arg\min_{\nu} \|x - B\nu\|_2^2 + \eta \|\nu\|_1$,其中 $\nu \in R^{K \times 1}$。

候选目标应该可以被其所在类别对应的字典 B_c 以及共享字典 B_0 更好地表示,对应的重建误差 $\varepsilon_f = \|x - B_0 \nu_0 - B_c \nu_c\|_2^2$,其中 $\nu_0 = [\nu_0^1, \nu_0^2, \cdots, \nu_0^{K_0}]^T \in R^{K_0 \times 1}$,$\nu_c = [\nu_c^1, \nu_c^2, \cdots, \nu_c^{K_c}]^T \in R^{K_c \times 1}$,分别为字典 B_0 和 B_c 上的稀疏系数。

同时,候选目标应该不被其他类别对应的字典很好地表示,对应的重建误差 $\varepsilon_b = \|x - \sum_{j=1, j \leq c} B_j \nu_j\|_2^2$。

例如,在单一目标跟踪的情景下,候选目标有较小的前景误差和较大的背景误差的情况下,候选模板是跟踪目标的概率较高。相反的,在候选目标有较大的前景误差和较小的背景误差的情况下,

是跟踪目标的概率相对较小。

综上，全局编码分类器可以用下列公式表示：

$$f_g = exp(-(\varepsilon_f - \varepsilon_b)/\sigma) \quad (3-5)$$

其中 σ 为固定常数。

为了增强分类精度，线性预测分类器 $f_c = W_c \nu$ 也被引入，联合的评估候选目标对跟踪目标的还原性。因此，联合决策度量定义为

$$\kappa(x) = W_c \nu + exp(-(\varepsilon_f - \varepsilon_b)/\sigma) \quad (3-6)$$

对每类候选目标，$\kappa(x)$ 最大元素对应的索引可以被认为是跟踪结果。利用 $\kappa(x)$，本书得到的分类决策分数对于候选目标 x 的分类更为可靠。

（三）字典更新

在视频的首帧里，围绕着跟踪目标划定一定量正样本和负样本对字典进行初始化：假设跟踪目标手动标定，在标定的目标周围扰动（移动）1个或2个像素 N_p 次取得正样本 X_{N_p}；类似的，N_n 个负样本 X_{N_n} 在距离目标位置远处的地方得到，例如距离目标位置若干像素远的环形区域。$X_1 = X_{N_p} \cup X_{N_n}$ 为初始标定的样本集。利用初始标定样本集，采用多类别判别式字典学习学得初始字典。

对后续每一帧，粒子滤波预测的候选目标记做 $\hat{X}$。根据联合决策度量 $\kappa(x)$，可以计算出每个候选目标分类分数。分类分数高的候选目标说明其从目标类中产生的可能性较高。最可能的候选目标被标为当前帧的跟踪结果。紧接着，与第一帧采取的方法相似的扰动算法在新跟踪结果位置取得新的样本集 $\tilde{X}$。

为解决行人外观变化问题，本节主要讨论如何对字典进行更新。本书的方法构建了一个样本池 X_P 和一个样本缓存池 X'，对样本和字典进行更新。T 组在跟踪中取得新的样本集 $\tilde{X}$ 被收集，构成样本缓存池。每 T 帧，用 X' 对 X_P 进行更新，更新样本池后，缓存池 X' 将被清空并重置，重新构建。在本书的方法中，样本池容量被预设为 $\Theta(X_P)$。当样本池中的样本数超过 $\Theta(X_P)$ 时，X_P 中的部分样本将随机被 X' 中的样本替换。

为了减少跟踪发生漂移的危险，第一帧获得的样本集 X_1 在 X_P 中将被一直保留在样本池中，不被替换，也就是 $X_P = [X_1; X']$。X_P 保留了目标初始形态，同时纳入目标状态的更新，能够更好地描述样本分布。

随后，更新后的样本池 $\Theta(X_P)$ 用于多类别判别式字典学习对字典进行更新。类似地，第一帧得到的字典也被保留至终并一直参与在分类决策的计算中。因此，本书的方法既保留了稳定性，又加入了对外观变化的适应性。

第四节 实验结果

本节将本书的方法与目前 14 个高水平的跟踪算法进行了比较。

14 个跟踪算法包括 ONNDL、[1] RET、[2] CT、[3] MLSAM、[4] ODDL、[5] CN、[6] VTD、[7] SCM、[8] Struck、[9] TLD、[10] ASLA、[11] LSST、[12] LSK、[13]

---

[1] Wang N, Wang J, Yeung D Y. Online robust non-negative dictionary learning for visual tracking. Proceedings of the IEEE International Conference on Computer Vision. 2013: 657-664.

[2] Bai Q, Wu Z, Sclaroff S, et al. Randomized ensemble tracking. Proceedings of the IEEE International Conference on Computer Vision. 2013: 2040-2047.

[3] Zhang K, Zhang L, Yang M-H. Real-Time Compressive Tracking. Lecture Notes in Computer Science (including subseries Lecture Notes in Artificial Intelligence and Lecture Notes in Bioinformatics), 2012, 7574 LNCS (PART 3): 864-877.

[4] Wu Y, Ma B, Yang M, et al. Metric Learning Based Structural Appearance Model for Robust Visual Tracking. Circuits and Systems for Video Technology, IEEE Transactions on, 2014, 24 (5): 865-877.

[5] Yang F, Jiang Z, Davis L S. Online Discriminative Dictionary Learning for Visual Tracking. Applications of Computer Vision (WACV), 2014 IEEE Winter Conference on. 2014: 854-861.

[6] Danelljan M, Khan F S, Felsberg M, et al. Adaptive color attributes for real-time visual tracking. Proceedings of the IEEE Computer Society Conference on Computer Vision and Pattern Recognition. 2014: 1090-1097.

[7] Kwon J, Lee K M. Visual tracking decomposition. Proceedings of the IEEE Computer Society Conference on Computer Vision and Pattern Recognition. 2010: 1269-1276.

[8] Zhong W, Lu H. Robust Object Tracking via Sparsity-based Collaborative Model. 2012 IEEE Conference on Computer Vision and Pattern Recognition, 2012: 1838-1845.

[9] Hare S, Saffari A, Torr P H S. Struck: Structured output tracking with kernels. Proceedings of the IEEE International Conference on Computer Vision. 2011: 263-270.

[10] Kalal Z, Mikolajczyk K, Matas J. Tracking-learning-detection. IEEE Transactions on Pattern Analysis and Machine Intelligence, 2012, 34 (7): 1409-1422.

[11] Jia X, Lu H, Yang M H. Visual tracking via adaptive structural local sparse appearance model. Proceedings of the IEEE Computer Society Conference on Computer Vision and Pattern Recognition. 2012: 1822-1829.

[12] Wang D, Lu H, Yang M H. Least soft-threshold squares tracking. Proceedings of the IEEE Computer Society Conference on Computer Vision and Pattern Recognition. 2013: 2371-2378.

[13] Liu B, Huang J, Yang L, et al. Robust tracking using local sparse appearance model and K-selection. Cvpr 2011, 2011: 1313-1320.

和 LSPT,① 采用 benchmark② 的数据集。

Benchmark③ 数据集包含各类目标的视频 100 条,④ 其中 30 条视频以行人或体育运动中的人为跟踪目标。数据集对所有视频的每一帧中所有目标的真值位置进行了标定,并赋予每一视频一种或几种属性,分别表示跟踪过程中常见的具有一定难度的特殊状态。表 3—2 汇总了数据集针对表示具有跟踪过程中常见的具有一定难度的特殊状态定义的属性。

表 3—2 表示困难跟踪状态的属性

属性	名称	具体描述
IV	Illumination Variation	目标区域的光照出现剧烈变化
SV	Scale Variation	当前帧的外观框的和初始帧外观框的尺度变化的比例大于某的阈值（>1）
OCC	Occlusion	目标被部分或整体遮挡
DEF	Deformation	非刚性形变
MB	Motion Blur	目标区域出现由于目标或摄像机导致的运动模糊
FM	Fast Motion	目标真值在帧之间的位移大于某一像素阈值（20 像素）
IRP	In-Plane Rotation	目标在图像平面内发生旋转
OPR	Out-of-Plane Rotation	目标在图像平面外发生旋转

---

① Yao R, Shi Q, Shen C, et al. Part-based visual tracking with online latent structural learning. Proceedings of the IEEE Computer Society Conference on Computer Vision and Pattern Recognition. 2013：2363-2370.

② Wu Y, Lim J, Yang M H. Online object tracking：A benchmark. Proceedings of the IEEE Computer Society Conference on Computer Vision and Pattern Recognition. 2013：2411-2418.

③ Wu Y, Lim J, Yang M H. Online object tracking：A benchmark. Proceedings of the IEEE Computer Society Conference on Computer Vision and Pattern Recognition. 2013：2411-2418.

④ http：//cvlab.hanyang.ac.kr/tracker_benchmark/datasets.html.

续表

属性	名称	具体描述
OV	Out-of-View	目标部分离开视野
BC	Background Clutters	目标周围的背景与目标
LR	Low Resolution	真值外观框内的像素数少于某个阈值

一、实验设置

为了对算法进行定量比较,采用精度投影(Precision Plot)和成功率投影(Success Plot)两种测算方法。[1]

精度可以表示为测量跟踪框的中心与目标真值位置的中心之间的笛卡尔距离,在一个视频序列每一帧上的平均中心误差求平均值就可以得到算法在这一个视频上的平均精度。但当算法丢失跟踪目标时,用这种算法计算出的精度是不准确的。因此,精度投影[2]用跟踪结果与真值位置之间的距离小于一定阈值的帧数的百分比作为精度的度量。为了达到与第三章实验设置中的覆盖率相近似的效果,选取 20 像素为阈值,也就是用跟踪结果与真值位置之间的差小于 20 像素的帧的比例,代表跟踪器在这一视频上的精度,这一设置结果与第三章实验中 $a_o > 0.5$ 接近。

与第三章检测实验类似,成功率通过计算覆盖率实现。定义覆

---

[1] Babenko B, Yang M-H, Belongie S. Robust Object Tracking with Online Multiple Instance Learning. IEEE Transactions on Pattern Analysis and Machine Intelligence, 2011, 33(8): 1619-1632.

[2] Babenko B, Yang M-H, Belongie S. Robust Object Tracking with Online Multiple Instance Learning. IEEE Transactions on Pattern Analysis and Machine Intelligence, 2011, 33(8): 1619-1632.

盖分数为

$$S = \frac{|BB_{dt} \cap BB_{gt}|}{|BB_{dt} \cup BB_{gt}|}$$

其中，|·|计算区域内的像素个数。为了计算某个算法在一个视频序列上的性能，首先在这一视频序列上统计 S 值大于某一阈值的帧数比例，并将这一帧数比例投影在阈值上，利用曲线下面积（AUC）作为衡量算法性能的依据。

在首帧目标真值位置初始化跟踪器，并跟踪完视频序列，计算出平均精度和跟踪成功率的测验方法被称为单通过评价（One-pass Evaluation，OPE）。但是跟踪算法的效果经常与初始化有关系，初始化的位置或初始帧不同，往往会得到不同的跟踪效果。特别是在真实场景下，跟踪器的初始化往往通过特定的检测器来实现，因此难以避免地在位置或尺度等方面引入初始化错误。因此，研究跟踪算法，对于初始条件的鲁棒性，对于评价计算性能都有重要意义。

因此，为了对算法对于初始化的稳定性做出测量，本书采用 benchmark[①] 提出的时域鲁棒性测量（Temporal Robustness Evaluation，TRE）和空域鲁棒性测量（Spatial Robustness Evaluation，SRE）。

时域鲁棒性测量（Temporal Robustness Evaluation，TRE）从视频序列中选择一帧作为开始帧，以这一帧的真值位置为初始跟踪位置，跟踪算法跟踪到最后一帧，也就是从不同起始帧开始跟踪视频序列的一个区段，继而在所有区段上测算性能，并计算总性能。

---

① Wu Y, Lim J, Yang M H. Online object tracking: A benchmark. Proceedings of the IEEE Computer Society Conference on Computer Vision and Pattern Recognition. 2013: 2411 - 2418.

空域鲁棒性测量（Spatial Robustness Evaluation，SRE）则通过对初始帧的真值进行移位或者尺度变化来随机初始化。同 Benchmark[①] 一样，本书采用 8 个移位，包括 4 个中心移位、4 个角移位和 4 个尺度变化，一共 12 次随机算法的初始化。位移量为目标大小的 10%，尺度变化量取 0.8—1.2 之间。

为验证本书方法的鲁棒性和稳定性，本书方法对所有的视频序列都采用同一参数。设置如下：本书采用的粒子滤波算法中，粒子数为 600，状态转移矩阵为 [8, 8, 0.015, 0, 0.005, 0]。跟踪的目标被预处理为 16×16 像素。设定步长为 4，从目标图像提取到的 64 维的灰度特征，和从目标图像中提取的 288 维的 HOG 特征，串接成 352 维的特征向量。第一帧之中，设定正样本数 $N_p = 50$，负样本数 $N_n = 200$，对字典进行初始化。跟踪目标位置确定后，10 个正样本和 80 个负样本用于字典更新。样本池容量 $\Theta(X_p)$ 设定为 1200，其中正样本设为 200，负样本设为 1000。与类别相关的字典和共享字典的大小分别设为 15 和 5。

二、整体性能比较

One-pass Evaluation（OPE）用来比较跟踪算法的整体性能。本书将 15 个跟踪器用于 51 个视频序列上。图 3—2 为精度和成功率。为了清晰简洁，只展示了排名前 10 的跟踪器。AUC 分数在图例中标

[①] Wu Y, Lim J, Yang M H. Online object tracking: A benchmark. Proceedings of the IEEE Computer Society Conference on Computer Vision and Pattern Recognition. 2013: 2411 – 2418.

出。本书的跟踪器比 SCM 提高了 4.1% 的成功率，比 Struck 的精度提高了 10.6%。总体来说，本书的跟踪器在精度和成功率上都比其他 14 个跟踪器有所提高。

三、特殊预设状态性能比较

除了分析在所有视频序列上的性能，本小节设定了 11 种特殊预设情况的视频子集，考察跟踪器在特别挑战情形下的性能。考虑到成功率 AUC 投影比单一设定阀值（如 20 像素）的精度投影要更准确，图 3—3 只展现了基于跟踪成功率的性能分析。为了清晰简洁，同样只展示了排名前 10 的跟踪器。本书的方法在下列 8 个预设情况下有更好的性能：背景杂波 Background Clutter（BC）、光照变化 Illumination Variation（IV）、动态模糊 Motion Blur（MB）、形变 Deformation（DEF）、超出视野 Out-of-view（OV）、面内转动 In-plane Rotation（IPR）、面外转动 Out-of-plane Rotation（OPR）和遮挡 Occlusions（OCC）。本小结选取其中 4 种在 Benchmark 中常见的特殊情况，即面内转动 In-plane Rotation（IPR）、面外转动 Out-of-plane Rotation（OPR）、遮挡 Occlusions（OCC）和背景杂波 Background Clutter（BC）进行定性分析。

在背景杂波 BC 情况下，本书的方法好于其他算法，这一结果说明，学得的字典可以有效区分跟踪目标和干扰。在遮挡 Occlusions（OCC）情况下本书的方法和 SCM 算法都取得了很好的效果。本书的方法得益于学得字典的维护，SCM 则将遮挡情况考虑进直方图构建之中。在面内转动 In-Plane Rotation（IPR）、面外转动 Out-Of-

Plane Rotation（OPR）两种情况下，除了本书算法，SCM 算法也取得了可信的表现，这与二者均考虑了仿射形变有关。SCM 算法的性能也得益于其对局部图像块的有效稀疏表示。

四、初始化对跟踪器性能的影响

视觉跟踪器对初始化很敏感。TRE 和 SRE 可以用来测量跟踪器对初始化的鲁棒性。TRE 随机选择视频序列中的某一帧作为初始帧，跟踪器从初始帧开始运行到序列结束。SRE 通过位移和缩放真值来随机化起始跟踪框。本节中，TRE 和 SRE 分别采用 12 个不同的初始化和 20 个不同的分割。图 3—4 展示了排名前 10 的跟踪器。在两个训练中，本书提出的跟踪器都取得了更好的效果。比如在 TRE 和 SRE 测试的精度图中，本书提出的跟踪器比排名第二的最好成绩分别高了 1.0% 和 0.9%。

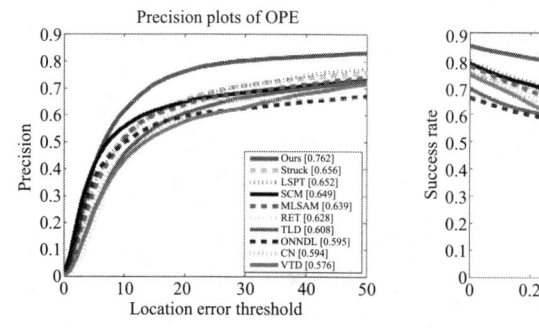

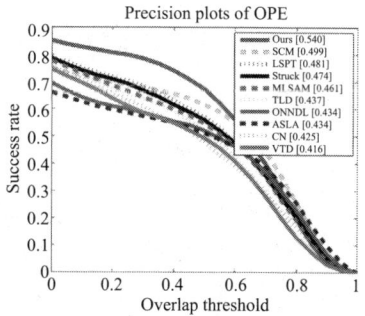

图 3—2　精度和成功率曲线 OPE

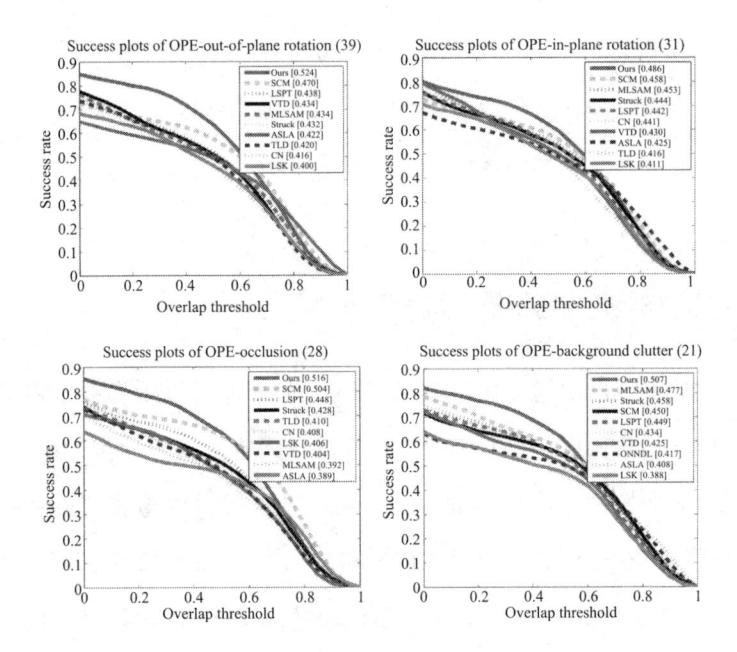

图 3—3　OPR、IPR、OC 和 BC 四种特殊情况下的成功率曲线

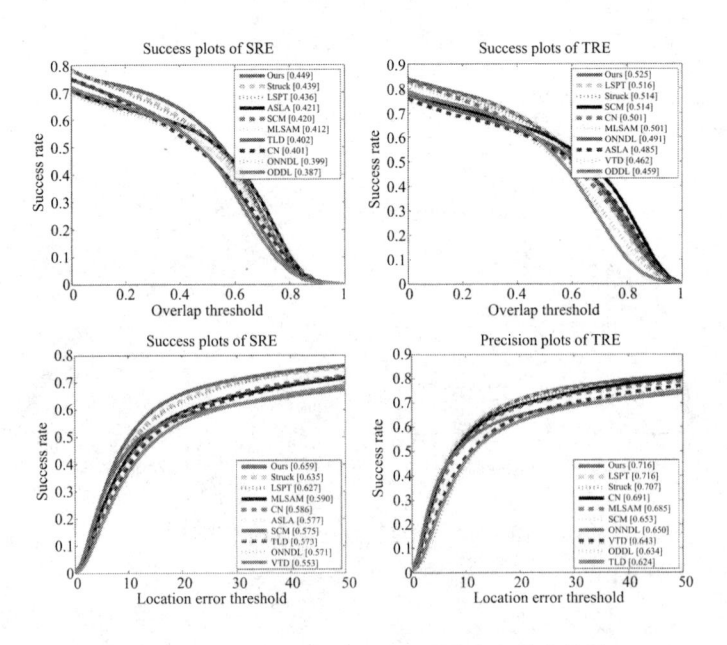

图 3—4　TRE 和 SRE 初始化成功率和精度曲线

第五节 小 结

本章提出了基于联合判别式字典学习的跟踪算法。联合判别式字典学习既能够学习到表示类间共同视觉特性的共享的字典,也能学习到与不同类别相关的类别字典,从而有效地区分了广泛共享的视觉特征和与类别紧密相关的视觉特性,同时保证了学得的字典更紧凑更具有区分性,使得跟踪算法拥有更高的区分能力和对外表变化的适应能力。

在跟踪过程中,全局编码分类器和线性分类器联合对候选目标的质量进行测量。这就避免了过度依赖二者之一的情况发生。与另外 14 个先进的跟踪算法进行比较,本书提出的算法对干扰有更好的免疫性,且性能更为优秀。

第四章 基于多分量可变部件模型的行人跟踪

第一节 引 言

行人作为跟踪的目标,与其他刚性物体相比往往具有视角变换明显、姿态变换频繁、常见局部遮挡等特点,基于字典学习的跟踪算法,在上述情况下往往要对字典进行大幅度的更新。考虑到行人可以视为相互连接的联通部件,各部位之间既有独立性,也具有连接的相对固定性,因此尝试设计一个可以表述部件和部件之间关系的、可以随着目标形变而不断更新的可变部件模型作为行人外观表现,同时利用多个不同外观或表现的可变部件模型来适应行人外观的变化,以有效解决上述问题。本章提出一个结合自下而上和自上而下模型的行人跟踪算法。自下而上的模型维护多个描述目标不同外观的分量,其中每个分量均为一个在线可变部件模型(Online Deformable Part-based Model,简称OLDPM),包含一个根节点和若干共享的部件,以描述某一外观的可变结构和局部显著特征。自上而下的模型,通过在发现新外观时创建新的可变部件模型对自下而上的模型进行修正和扩展。为了实现长期跟踪,本章采用增量支持向量机(Incremental Support Vector Machine,简称 INCSVM)与每个分量关联,让各个分量可以通过部件更好地描述外形改变;同时,利用 OLDPM,可以方便地利用实时模式匹配算法生成匹配惩罚图,距离变换算法可以快速搜索可能的配置;由于部件的可重复性,部件可以被共享,可以有效地减少搜索匹配的复杂度。

第二节 行人可变部件模型及其初始化

本章提出的多分量可变部件模型中,每一个分量与一个在线可变部件模型(OLDPM)相关。在线可变部件模型是静态部件模型的一种在线扩展,采用 2 – bit Binary Patterns(2bitBP)作为特征。[1][2] 2bitBP 特征捕捉目标图像方形区域内的亮度变化。2bitBP 特征与类 Haar 特征具有一定的相似性,用一个编码对一个区域的量化梯度方向进行编码。与类 Haar 特征一样,2bitBP 特征具有在自然场景下不容易受光影变化的影响、对尺度变化也不是特别敏感的特点,同时计算速度非常高,可以快速地捕捉不同尺度下图像局部梯度

---

[1] Kalal Z, Matas J, Mikolajczyk K. P – N learning: Bootstrapping binary classifiers by structural constraints. Proceedings of the IEEE Computer Society Conference on Computer Vision and Pattern Recognition. 2010: 49 – 56.

[2] Kalal Z, Matas J, Mikolajczyk K. Online learning of robust object detectors during unstable tracking. 2009 IEEE 12th International Conference on Computer Vision Workshops, ICCV Workshops 2009. 2009: 1417 – 1424.

特征。

2bitBP 与 Local Binary Patterns（LBP）[①] 相似，都对区域内的梯度方向编码。与 LBP 不同，2bitBP 不再对 3×3 像素区域的分布编码，而对任意定义的像素区域进行一位编码。与 LBP 的 256 个输出值不同，2bitBP 只有 4 个输出值。图 4—1 为 2bitBP 特征及其计算方法。

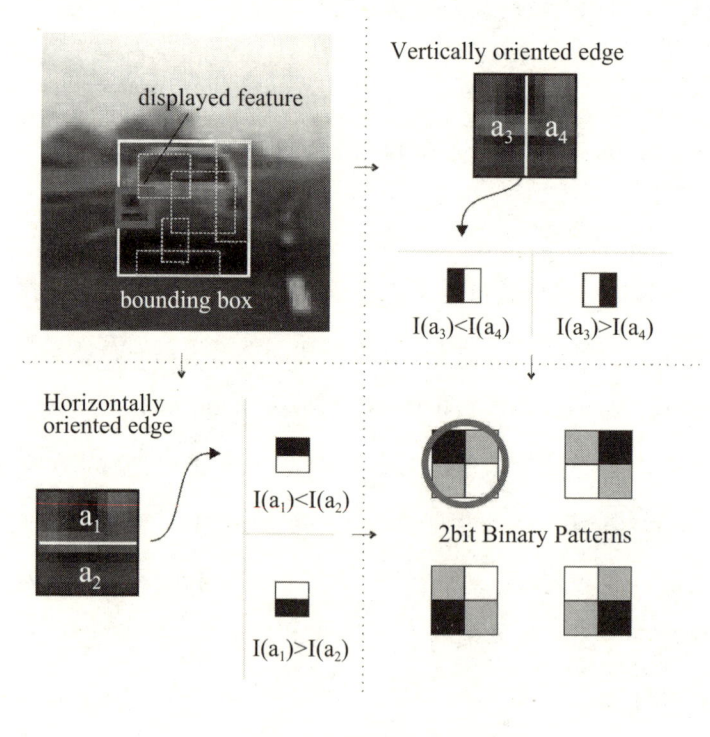

图 4—1　2BitBP 特征

[①] Ojala T, Pietikäinen M, Mäenpää T. Multiresolution gray–scale and rotation invariant texture classification with local binary patterns. IEEE Transactions on Pattern Analysis and Machine Intelligence, 2002, 24 (7): 971–987.

定义在线可变部件模型

$$C_i = <pred_i(\cdot), \tau_{i,1}, \cdots, \tau_{i,n_i}, r_{i,1}, \cdots, r_{i,n_i}> \quad (4—1)$$

其中 $pred_i(\cdot)$ 为 Hamming 内核的 INCSVM，为表示跟踪目标整体的判别式模型；$\tau_{i,k}(k = 1, \cdots, n_i)$ 为局部刚性和稳定的各部件的 2bitBP；可变部件模型的结构限定通过各部件相对于根的相对位移 $r_{i,k}(k = 1, \cdots, n_i)$ 实现，n_i 为当前模型 C_i 的部件数。图 4—2 为在线可变部件模型示例。

在第一帧内手动给定的边界框 $X^{(0)}$ 为初始跟踪目标。设 $I^{(0)}$ 为 $X^{(0)}$ 内要进行计算的子图像。为得到最初的可变部件模型 C_1，需要分别对可变部件和整体判别式模型进行初始化。

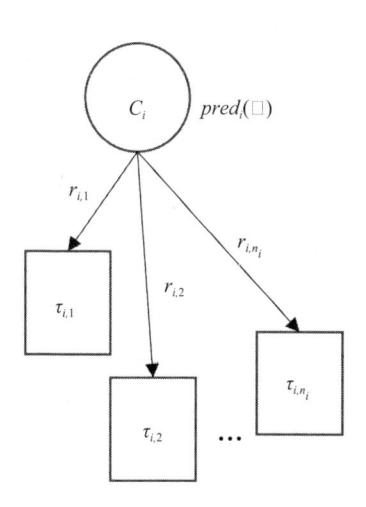

图 4—2　在线可变部件模型

一、初始化可变部件

首先，在 $I^{(0)}$ 内创建若干判别式正方形图像块。本书中将图像块大小设为 $I^{(0)}$ 面积的 1/7。为不使判别式图像块有相互覆盖的情况，本书的方法限定部件的个数最大为 7，即 $n_i \leqslant 7$。

判别式正方形图像块对于背景的区分能力依赖其与背景图像块的差别。这一差别通过测量 2bitBP 与背景图像块之间的平均 Hamming 距离得出。背景图像块通过围绕 $X^{(0)}$ 的外部选取图像块得到。2bitBP 代表的局部特征与背景图像特征的 Hamming 距离越大，则局部特征相对背景越显著，方形图像块的区分能力越高。

此外，正方形图像块在图像中快速匹配的能力也很重要。通过定义可以高效匹配的图块，有利于解析过程。利用 O. Pele 和 M. Werman 提出的鲁棒实时模式匹配算法（Robust Real Time Pattern Matching）及后续的计算匹配窗口滑动步长的方法，[①] 可以计算图块匹配的滑动步长，滑动步长越大，则匹配的速度越快，图块的匹配效率越高。Pele 等的算法定义 LU_p 等级为匹配时滑动步长的测算。本书利用其算法在 x 和 y 轴方向上计算出所有正方形图像块的 LU_p 等级，选择 Hamming 距离和 LU_p 乘积最大的且相互不重叠的正方形图像块作为部件，从而得到各部件 $\tau_{i,k}(k = 1, \cdots, n_i)$ 和各部件的相对位移 $r_{i,k}(k = 1, \cdots, n_i)$。

---

① Pele O, Werman M. Robust real – time pattern matching using bayesian sequential hypothesis testing. IEEE Transactions on Pattern Analysis and Machine Intelligence，2008，30（8）：1427 – 1443.

初始完的可变部件模型如图 4—3 所示，为了方便表述，图中将 C_i 直接画在目标位置，且各部件 $\tau_{i,k}(k=1,\cdots,n_i)$ 和各部件的相对位移 $r_{i,k}(k=1,\cdots,n_i)$ 限制关系通过黄色正方形框直接画在 C_i 内部，用于提取局部视觉特征的灰度子图来表示相应的部件。

二、初始化 INCSVM

在创建某一特定外观下跟踪目标的整体外观模型时，本书采用训练增量支持向量机[①]的方法，获得一个将当前目标整体外观与背景图像区分开的判别式模型，即利用增量支持向量机模型表示目标整体外观特征空间。

支持向量机训练模型定义为：

$$\max_{\mu} \min_{\substack{0 \leq \alpha \leq C \\ y^T\alpha = 0}} W = -1^T\alpha + \frac{C}{2}\alpha^T K\alpha + \mu y^T\alpha$$

定义支持向量为在边缘的样本，错误向量为边缘外的样本，其他向量为边缘内的样本。

增量支撑向量机通过迭代训练，每次增量的学习一个样本，同时保持最小化所有学习样本的经验分类错误。每次得到一个新的训练样本 x_c 时，其权值 α_c 初始设为 0。假设 x_c 是支持向量时，这一状态不是最优解，则其他点的权值和阈值 μ 需要被更新，以在数据集扩大后仍达到最优解。这一过程同样是可逆的，当一个样本被移除

---

① Laskov P, Gehl C, Krueger S, et al. Incremental Support Vector Learning: Analysis, Implementation and Applications. Journal of Machine Learning Research, 2006, 7: 1909-1936.

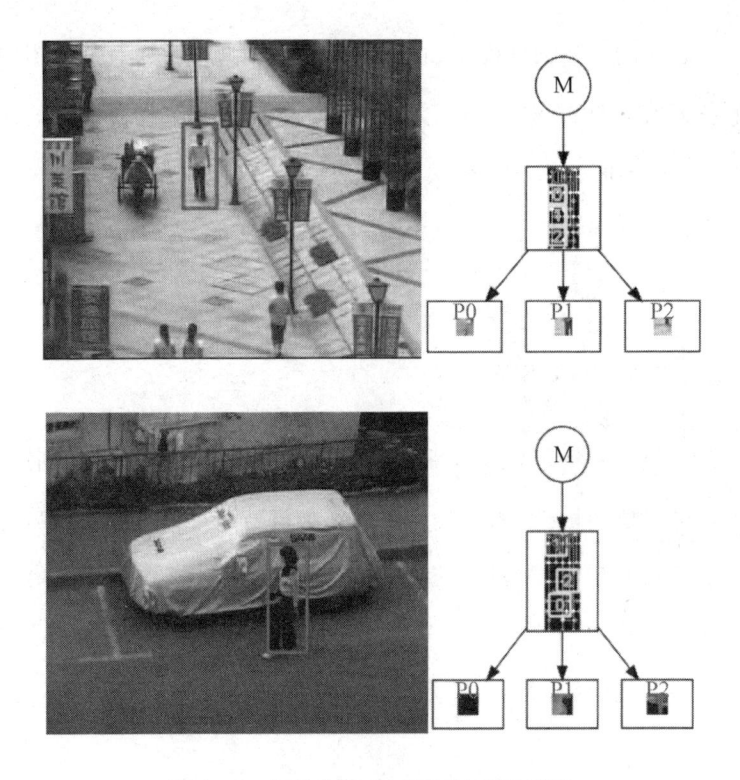

图4—3 初始化行人目标可变部件模型

的时候，其权重被置为 0，且其他样本点的权值和阈值 μ 需要被更新，使得 $\alpha_c = 0$ 的情况下，数据集缩小后仍达到最优解。在 Kuhn-Tucker 限制条件下，部分训练样本的类别在支持向量与错误向量或者支持向量与其他向量之间发生转化，如果有效地纪录样本类别的变动，有限次循环后，参数将得到收敛。

首先，在第一帧中，围绕给定的目标区域获得训练所需的正负样本。对目标区 $X^{(0)}$ 域做一系列的仿射变换，得到扭曲的目标图像，然后在这些变换上随机提取一定量的 2bitBP，形成正样本。在目标区域 $X^{(0)}$ 以外随机采样一定量的背景区域，提取 2bitBP 形成负样本。通过训练得到支持向量机 $pred_i(?)$ 的参数和支持向量。图 4—3 列出了部分经初始化得到的行人可变部件模型，其中 M 为多分量模型，将于下节加以说明。

第三节 多分量可变部件模型

行人往往有多个完全不同的外观或姿态。单一的可变部件模型并不能完全描述行人的多种外观。因此，本节利用多分量外观模型来保持跟踪过程中若干近期所见的不同外观。

定义多分量外观模型为

$$M = \{C_1, C_2, \cdots, C_m\} \qquad (4-2)$$

其中 C_i，为表示某个外观的一个分量。本书中选取 $m = 5$ 为分量的最大数目，在不牺牲描述近期所见外观的基础上降低计算要求。每一个分量 $C_i(i = 1, \cdots, 5)$ 均为一个可变部件模型，同时关联推测的后验似然概率 $p(C_i | Z^{(t)})$。$p(C_i | Z^{(t)})$ 为 C_i 对目标外观描述的基于全部观测 $Z^{(t)} = \{I^{(0)}, \cdots, I^{(t)}\}$ 的后验似然概率。

所有的分量都在线添加。初始化 M 时，添加 C_1 作为 M 的第一个分量，因为初始化时只有 C_1 一个分量，$p(C_1 | Z^{(0)}) = 1$。随着新外观的产生，逐步构建新模型 $C_2, \cdots C_m$。当达到 $m = 5$ 以后，再构建新的分量时，已存在的分量会被替换，替换的分量为拥有最小 $p(C_i | Z^{(t)})$ 的分量。

考虑到同一行人目标的不同外观模型在某种程度上具有一定的

相似性，不同外观可以拥有相同或者相似的局部模式，同时考虑到部件与整体相比，部件具有相对的稳定性，因此本书的方法允许部件被分量共享。一个构建好的多分量 OLDPM 如图 4—4 所示。

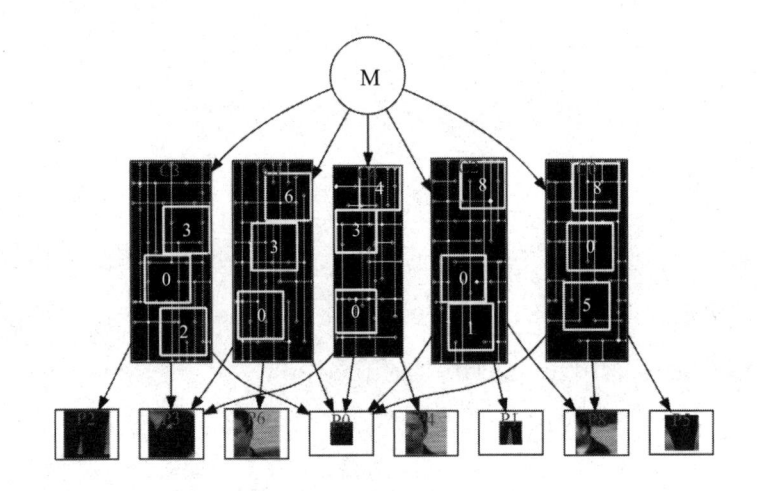

图 4—4　构建完成的多分量可变部件模型，其中部件可以被各分量共享

第四节　可变部件模型跟踪算法

用表示行人的多分量外观可变部件模型解析视频图像，通过解析找到行人目标的位置，作为跟踪的结果。

一、跟踪目标函数

基于多分量可变部件模型跟踪算法由最大后验概率（MAP）得到，其目标函数为：

$$W = <\widehat{X}^{(t)}, \widehat{i}> = \underset{X^{(t)},i}{\mathrm{argmax}} p(X^{(t)}, C_i \mid Z^{(t)})$$
$$= \underset{X^{(t)},i}{\mathrm{argmax}} \{p(C_i \mid Z^{(t)}) \cdot p(X^{(t)} \mid C_i, Z^{(t)})\} \qquad (4—3)$$

其中，$p(C_i \mid Z^{(t)})$ 为分量 C_i 相似目标外观的先验似然概率，$p(X^{(t)} \mid C_i, Z^{(t)})$ 为目标检测似然概率，$X^{(t)}$ 为 t 时刻目标的边界。

二、跟踪框架

整个 MAP 跟踪算法分为两阶段。首先，找到每个分量的最大似然概率的检测位置作为候选位置；其次，选取最大后验概率的检测对应的分量，以其检测结果作为跟踪结果。

检测似然概率

$$p(X^{(t)} \mid C_i, Z^{(t)}) = \sum_{l_i \in L_i} p(X^{(t)} \mid l_i) \cdot p(l_i \mid C_i, Z^{(t)}) \qquad (4—4)$$

其中 $l_i = \{\Lambda_{i,0}, \Lambda_{i,1}, \cdots, \Lambda_{i,n_i}\}$ 称为 C_i 的一个构型，$\Lambda_{i,0}$ 为整体判别式模型所在的位置，$\Lambda_{i,k}(k=1,\cdots,n_i)$ 为各个部件所在的位置。$p(l_i \mid C_i, Z^{(t)})$ 为构型 l_i 的似然概率，$p(X^{(t)} \mid l_i)$ 是 l_i 对预测目标位置的贡献。

（一）构型的产生

对某一分量 C_i，定义一部分构型组成的集合

$$L_i = \{l_i \mid \underset{\Omega \subset l_i}{\mathrm{argmin}}\{\sum_{k=1}^{n_i} cost_k(\Lambda_{i,0})\}\} \qquad (4—5)$$

其中 $cost_k(\Lambda_{i,0})$ 为匹配惩罚函数，

$$cost_k(\Lambda_{i,0}) = (\tau(I^{(t)}_{\Lambda_{i,0}}), \tau_{i,k}) + \alpha \|r(\Lambda_{i,k}, \Lambda_{i,0}) - r_{i,k}\|_2^2 \qquad (4—6)$$

L_i 为 C_i 的构型中，部件匹配惩罚函数之和满足局部极小值的构型的集合，$\Omega(l_i)$ 为构型空间中 l_i 的近邻。$cost_k(\Lambda_{i,0})$ 由两个标准构成：$(\tau(I^{(t)}_{\Lambda_{i,k}}), \tau_{i,k})$ 测量 $\tau(I^{(t)}_{\Lambda_{i,k}})$ 和 $\tau_{i,k}$ 二者 2bitBP 的 Hamming 距离，反映了部件之间的相似度，$\tau(I^{(t)})$ 提取 $I^{(t)}$ 上的 2bitBP；$r(\Lambda_{i,k}, \Lambda_{i,0})$ 计算 $\Lambda_{i,k}$ 相对 $\Lambda_{i,0}$ 的位置，$\|r(\Lambda_{i,k}, \Lambda_{i,0}) - r_{i,k}\|_2^2$ 反映了部件相对于整体的结构一致性。α 为上述平衡两个约束条件的常数。$\min_{\Lambda_{i,k}} cost_k(\Lambda_{i,0})$ 可以通过 P. F. Felzenszwalb 和 D. P. Huttenlocher 提出的 Distance transforms 快速的计算出。任何 $\sum_{k=1}^{n_i} \min_{\Lambda_{i,k}} cost_k(\Lambda_{i,0})$ 的局部最小值都可能是分量的根 $\Lambda_{i,0}$ 的位置。$\mathop{argmin}\limits_{\Omega(l_i)} \{\sum_{k=1}^{n_i} cost_k(\Lambda_{i,0})\}$ 则给出 l_i 的部件 $\Lambda_{i,k}$ 的位置。

为了进一步加速计算过程，本书中用鲁棒实施模式匹配算法（Robust Real-time Pattern Matching Algorithm）的输出替代对 $(\tau(I^{(t)}_{\Lambda_{i,k}}), \tau_{i,k})$ 的计算。Robust Real-time Pattern Matching Algorithm 的输出可以看做 $(\tau(I^{(t)}_{\Lambda_{i,k}}), \tau_{i,k})$ 的阈值版本，高于一定阈值的

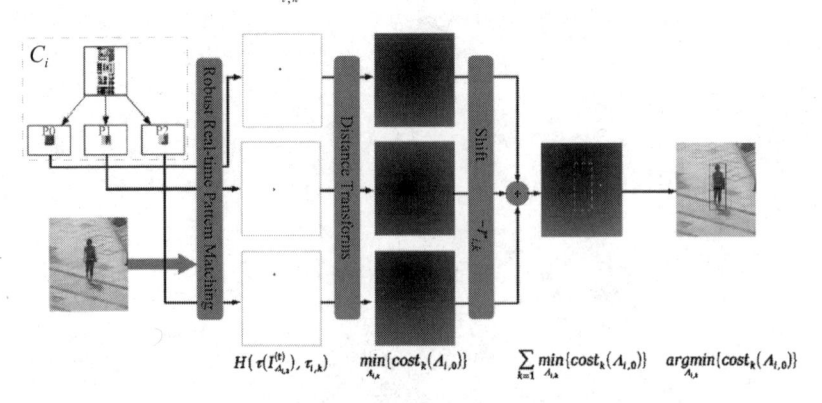

图 4—5 基于多分量可变部件模型跟踪算法框架

$(\tau(I_{\Lambda_{i,k}}^{(t)}), \tau_{i,k})$ 将不再影响生成构型。

（二）计算 MAP

构型 l_i 的似然概率 $p(l_i \mid C_i, Z^{(t)})$ 定义为

$$p(l_i \mid C_i, Z^{(t)}) = p(\Lambda_{i,0} \mid C_i, Z^{(t)}) \cdot$$

$$\prod_{k=1}^{n_i} p(\Lambda_{i,k} \mid C_i, Z^{(t)}) ? p(\Lambda_{i,k} \mid \Lambda_{i,0}, C_i) \qquad (4—7)$$

其中，$p(\Lambda_{i,0} \mid C_i, Z^{(t)}) = \dfrac{1}{1 + exp\{-pred_a(\tau(I_{\Lambda_{i,0}}^{(t)}))\}}$ 测算构型根 $\Lambda_{i,0}$ 的测度，通过 INCSVM 定义的目标表象流型预测得到。$p(\Lambda_{i,k} \mid C_i, Z^{(t)}) = exp\{-(\tau(I_{\Lambda_{i,k}}^{(t)}), \tau_{i,k}) / \sigma_1\}$ 测算构型的部件与 OLDPM 部件的相似度。$p(\Lambda_{i,k} \mid \Lambda_{i,0}, C_i) = exp\{-\|r(\Lambda_{i,k}, \Lambda_{i,0}) - r_{i,k}\|_2^2 / \sigma_2\}$ 测算部件的结构一致性。σ_1, σ_2 为常数。

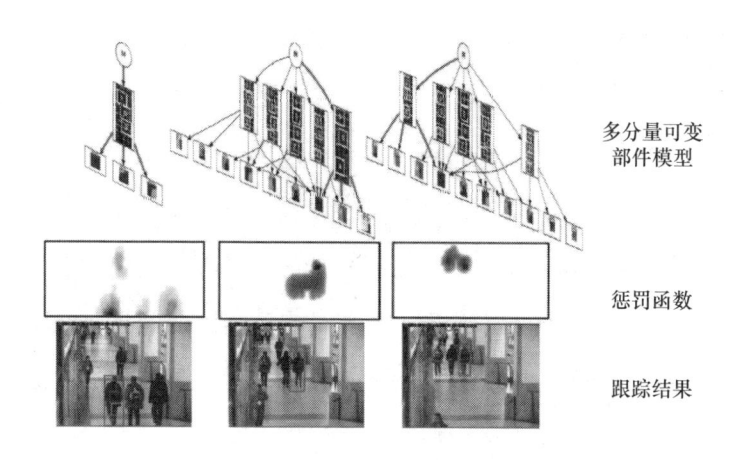

图 4—6 跟踪过程中产生的多分量可变部件模型和对应惩罚函数

l_i 对预测目标位置的贡献 $p(X^{(t)} \mid l_i)$ 定义为

$$p(X^{(t)} \mid l_i) = exp\{ - \| r(X^{(t)}, \Lambda_{i,0}) \|_2^2 / \sigma_3 \} \qquad (4—8)$$

其中 σ_3 为常数。

图 4—5 给出基于多分量可变部件模型跟踪算法框架，跟踪过程中产生的多分量可变部件模型和对应惩罚函数的变化如图 4—6 所示，红色连线为表示行人目标外观的分量和分量对应的部件。

第五节　自顶向下与自下而上相结合的跟踪框架

从 $p(X^{(t)} \mid l_i)$ 定义可以得出，C_i 所有的构型越互相接近，即与边界框的距离越紧密，则 $p(X^{(t)} \mid C_i, X^{(t-1)}, Z^{(t)})$ 越接近一个熵很低的单峰分布。通过最大化似然检测概率 $p(X^{(t)} \mid C_i, X^{(t-1)}, Z^{(t)})$ 得到的跟踪结果在其熵（或者 intrackability）较低的情况下，跟踪结果比较可信。因此，构型在互相接近的情况下，其可信性更高。在本书的方法中，当一个分量重所有构型的重叠率大于 0.7 的时候，才认为最大似然概率可信。当部分分量的部件不能全部满足上述条件时，只在这些部件的补集上计算 argmax。当所有分量的部件都不能满足上述条件时，则认为多分量可变部件模型提供的自下而上的信息已经不能足够表示当前跟踪的行人的外观，此刻需要利用自顶向下的方法对可变部件模型跟踪的错误进行恢复。

一、结合自顶向下策略的跟踪错误恢复

在人们对场景进行观测的时候,场景中具有明显区别特征的内容往往会首先吸引住注意力,并且经大脑解析分析,从背景中区分出来。通过显著特征辨认目标的方法为自底向上的策略。这是大部分计算视觉算法常用的思路,也是人类视觉系统寻找场景内目标并对场景进行解析的初始方式。但场景和场景中的内容是不断变化的,显著特征在新的场景之中未必依然是显著特征。与人类视觉系统从主观上对特定特征或者目标关注类似,主动寻找与预设相匹配的目标并以此为指导的算法,为自顶向下的策略。

如前文指出,当组成分量可变部件模型的显著性在不断变化的场景和目标姿态下不断下降,不能再有效地表现当前跟踪的行人的外观时,需要主动地寻找新的可成为新部件的特征加入到可变部件模型之中。在对目标的跟踪变得不够可信的情况下,因为跟踪对象为行人,本书的方法考虑当前帧中进行全局检测得到的行人位置结果,再在检测到的行人位置上进行融合,以修正跟踪中的错误。

全局检测通过预先训练得到的通用行人检测器进行。通用行人检测算法,离线学习行人的外观和姿态,可以快速地检测到各种姿态、尺度和视角下的行人。在得到当前帧所有的行人位置后,利用多分量 OLMDP 进行匹配。考虑到局部部件已不能有效地反映当前行人外观,但由增量支持向量机得出的整体特征仍具有更加相对宽松的流形,仍可以提供对自顶向下策略得出的行人位置进行分析。因

此，自顶向下的策略利用包含行人整体视觉特征的判别式增量支持向量机对所有候选位置的行人外观进行打分。用 Γ 表示通用行人检测器检测到的行人位置的集合，则

$$\Lambda^{(t)} = \underset{\Lambda \in \Gamma}{argmax} \underset{C_i \in M}{max} pred_i(\tau(I_{\Lambda}^{(t)})) \qquad (4\text{—}9)$$

$$pred_i(\tau(I_\Lambda^{(t)})) > 0$$

选取最高打分大于 0.6 的目标框作为新的目标位置。

当选取了新的目标位置后，跟踪算法在新位置上采用 4.2 节的方法构建新的多部件来表示新发现的外观。在初始化部件的时候，不需要全部重新构建部件，利用部件的共享特性，先用已有的部件在新位置进行标注，然后在没有被标注的区域重新定义部件，这样可以有效的减少计算量。图 4—6 给出了跟踪错误回复的两个例子。图 4—6（a）中，随着跟踪的进行，跟踪框架根据发现的新外观构建新的部件和分量，且部件在分量之间可以共享。目标移出并再次进入视野（130 帧），此时，自顶向下策略成功地从错误中恢复跟踪结果；图 4—6（b）中，跟踪目标在 1 - 149 帧内外观和尺度经历了较小的变化，跟踪框架没有重新构建部件，而是细微的调整分量中的部件位置；在 385 帧时，目标尺度发生了剧烈的变化，跟踪框架重建了部件，构成分量，并将此分量作为重新发现的外观插入到跟踪模型之中。

二、多分量可变模型的更新

综上，多分量可变部件模型在两种情况下进行更新：一种是对目标的定位，可以通过自下而上的多分量可变部件模型涵盖，得

到准确定位。另一种情况则是利用多分量可变部件模型不能完成定位，需要借助自顶而下的通用行人检测器找回目标。

在第一种情况下，目标可以通过自下而上的多分量可变部件模型涵盖，则对模型的结构不做更新，只更新模型的先验似然函数，即利用多次被使用的某个捕获特殊目标外观或姿态的部件更新各分量的先验概率，因为该部件多次被使用，反映出该姿态或外观在最近的视频序列中经常出现，则有效地提高这一部件用于近期视频序列中检测目标图像的使用率来解析目标。如果检测目标被分量 $C_{\hat{i}}$ 表示，则先验概率的更新方法为：

$$p(C_i \mid Z^{(t+1)}) = \begin{cases} \dfrac{p(C_i \mid Z^{(t)}) + \delta}{1+\delta} & if\, i = \hat{i} \\ \dfrac{p(C_i \mid Z^{(t)})}{1+\delta} & if\, i \neq \hat{i} \end{cases} \quad (4\text{—}10)$$

其中 δ 为学习率。本书方法中设定 $\delta = \min_{i} p(C_i \mid Z^{(t)})$。

在第二种情况下，需要通过自顶而下的通用检测找回目标时，跟踪算法在对跟踪进行恢复以后，在新位置上采用4.2节的方法构建新的分量来表示新发现的外观。如果此时分量的数量尚未达到 m 的上限（本书选取5），则新建的分量被直接加入 M 中。如果此时分量的数量已经达到 m 的上限，则 M 中拥有最低 $p(C_i \mid Z^{(t)})$ 的分量 C_i 被新建分量 $C_{\hat{i}}$ 替换，同时设定 $p(C_{\hat{i}} \mid Z^{(t)}) = 0$，再按照更新先验概率的算法对概率进行更新，此时设定 $\delta = \operatorname*{median}_{i \neq \hat{i}} p(C_i \mid Z^{(t)})$。

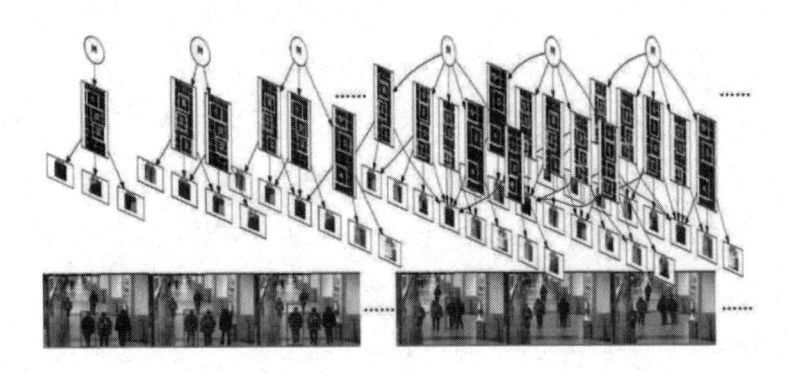

(a) *caviar*

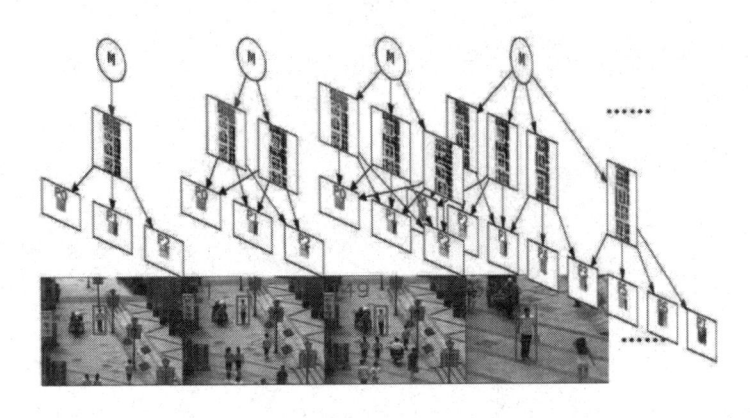

(b) *cluster*

图 4—7　跟踪过程中的错误恢复

三、难度负样本处理

本书采用收集困难负样本的方法提高跟踪的准确率。定义容易被跟踪算法认为是目标所在区域的非目标图块为困难负样本。在时刻 t，多分量可变部件模型检测的所有的边界框覆盖的区域中，在与检测结果边界框 $X^{(t)}$ 不重合的部分上，使用上文类似的方法构建一个单分量可变部件模型 M_{neg}，定义为当前检测的困难负样本的分量可变部件模型。

在跟踪过程中，负样本分量可变部件模型采用同样方法对干扰目标进行检测。如果 L_i 中的某个构型 l_i 根节点位置 $\Lambda_{i,0}$ 与 M_{neg} 检测出的位置重合，则 l_i 作为错检被从 L_i 中去除。

考虑到困难样本的产生与原模型的检测能力有关，为保持困难样本的持续影响，构建出的负样本分量可变部件模型不进行过于频繁的更新，本书定义更新间隔为 25 帧。每 25 帧后，原 M_{neg} 被舍弃，并按照上文的方法重新构建新的 M_{neg}，以保持困难负样本随着跟踪发展的时效性。

◆ 第六节　实验结果 ◆

为了检测算法的表现和其鲁棒性，本书特别选取了 8 段富有挑战性的视频序列。这 8 段视频或包含突然的角度或姿态的变化，或包含中度和重度的遮挡。caviar 视频序列中目标行人发生过一次半遮挡和一次完全遮挡；squat 视频序列中，行人发生了由下蹲导致的非刚性变化和全遮挡；playground 视频序列中目标行人多次发生遮挡；girls 视频序列发生了视角变化和局部遮挡；clutters 视频序列中目标的尺度发生了变化；wondering 视频序列中，行人不断变化自身的视角和尺度；woman 视频序列中，行人目标发生多次局部遮挡；walking 视频序列中，目标行人被外观特征相似的行人围绕。

为了比较长期跟踪的效果，本书选取四种经典跟踪算法：Online

Adaboost（OAB）、[1] Incremental Learning for Robust Visual Tracking（IVT）、[2] Multiple Instance Learning Tracking（MIL）[3]和TLD,[4] 来检测各种算法在特殊情况下的跟踪能力和错误恢复能力。对于所有测试的算法，本书选取其建议参数，并且选取相同的起始跟踪位置。

一、困难负样本对跟踪效果的提升

首先，本书对比了显性处理困难负样本的重要性。在本节自我比较中，对两个包含一定较难区分的扰乱目标的视频序列（walking 和 caviar）采用引入困难负样本和不处理困难负样本进行比较。比较结果见图4—8。从图中可以看出，在引入困难负样本的情况下，当发生遮挡等特殊情况时，由于提前对目标周围环境的困难负样本已经有所预见，则当困难负样本遮挡住目标时，避免了对模型的错误更新。同时，困难负样本构成的分量协助检测时，负样本分量可变部件模型可以协助去除错检构型。

---

[1] Grabner H, Grabner M, Bischof H. Real-Time Tracking via On-line Boosting. Proceedings of the British Machine Vision Conference，2006，1：1-10.

[2] Ross D A., Lim J, Lin R-S, et al. Incremental Learning for Robust Visual Tracking. International Journal of Computer Vision，2007，77（1-3）：125-141.

[3] Babenko B, Belongie S. Visual tracking with online Multiple Instance Learning. 2009 IEEE Conference on Computer Vision and Pattern Recognition，2009：983-990.

[4] Kwon J, Lee K M. Tracking by sampling trackers. Proceedings of the IEEE International Conference on Computer Vision. 2011：1195-1202.

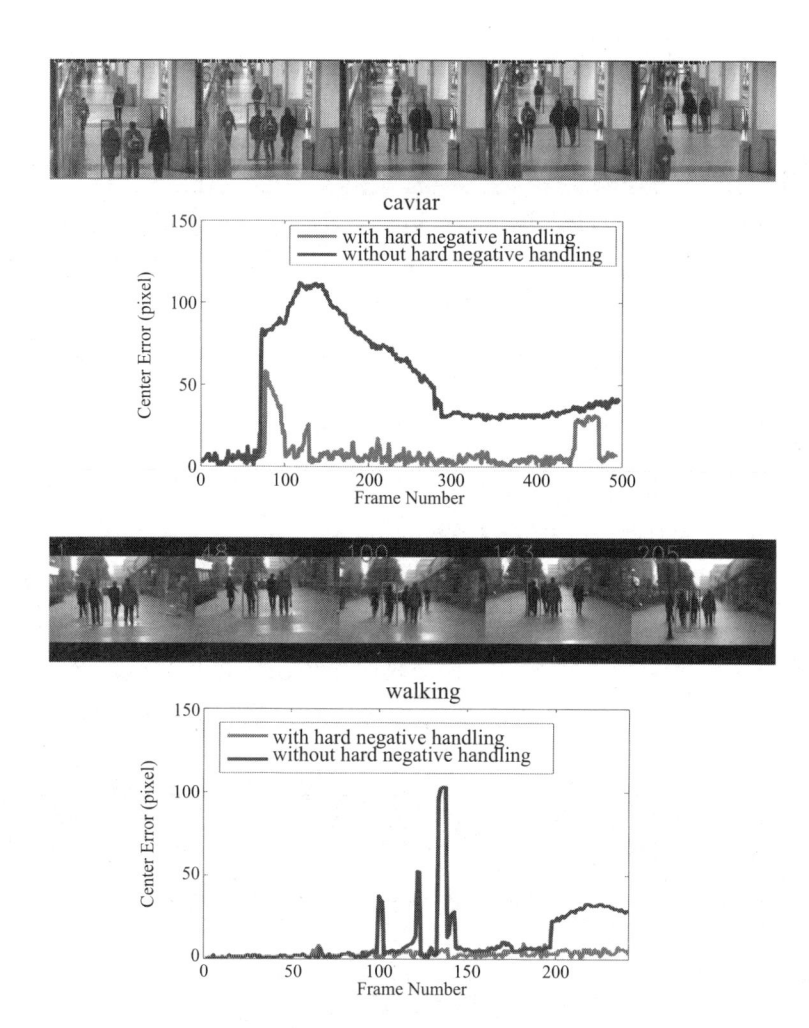

图 4—8 困难负样本对提升跟踪效果的作用

二、算法定量对比

本小节先通过中心位置误差和覆盖率对上述算法进行对比。平均中心误差和平均覆盖率见表 4—1 和表 4—2。

表4—1 平均中心位置误差（单位：像素）

算法	caviar	squat	playground	girls	clutters	wander	woman	walking
OAB	60.0	157.2	185.0	42.7	9.7	13.1	108.6	8.0
IVT	49.8	184.7	228.7	83.1	15.3	4.8	109.6	8.2
MIL	101.4	158.8	169.0	36.5	25.4	13.6	124.1	4.2
TLD	28.4	173.4	64.0	72.1	103.2	15.3	76.4	3.4
Ours	7.9	51.2	16.6	18.5	8.0	4.7	11.7	3.0

表4—2 平均覆盖率

算法	caviar	squat	playground	girls	clutters	wander	woman	walking
OAB	0.15	0.29	0.14	0.43	0.67	0.64	0.16	0.71
IVT	0.13	0.28	0.10	0.33	0.63	0.51	0.16	0.63
MIL	0.15	0.28	0.18	0.46	0.50	0.59	0.17	0.78
TLD	0.30	0.13	0.28	0.21	0.15	0.56	0.08	0.76
Ours	0.72	0.68	0.69	0.76	0.81	0.79	0.73	0.84

随着跟踪时间的延长，中心位置误差一般会逐渐增大，直到算法不能有效跟踪目标。各算法在8个视频序列上的中心位置误差见图4—9。中心位置误差出现跳跃式增加的帧一般为出现外观突变或遮挡导致跟踪失败的帧，部分算法（包括本书中的算法）能够从错误中恢复跟踪，有些算法在丢失目标后，由于重建模型的不完备性，中心位置误差则不断扩大。

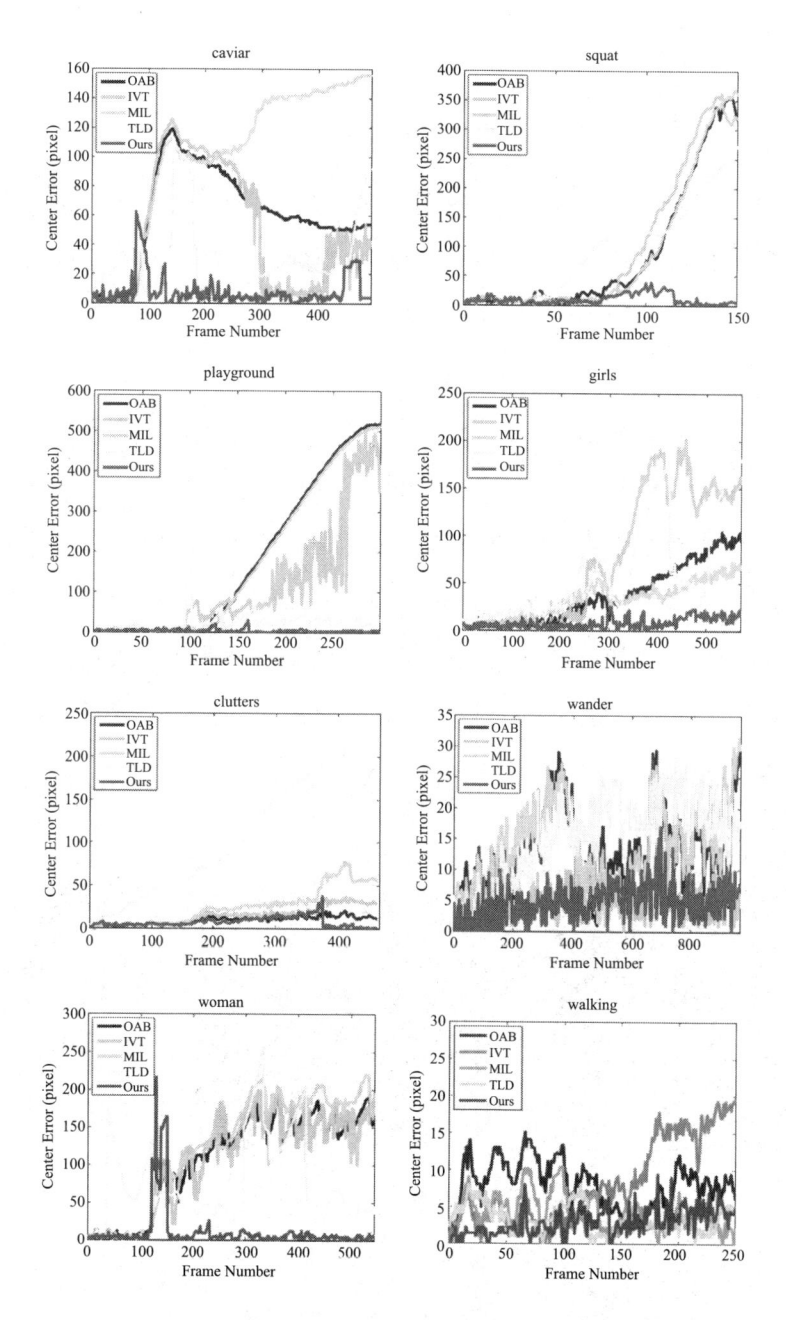

图4—9 各算法在8个视频序列上的中心位置误差图

三、算法对比定性分析

由观测角度或姿态改变等引起的行人外观变化是本书提出的方法主要解决的困难问题。利用最近观测到的外观模型来对观测目标进行描述的算法（如 OAB、IVT 和 MIL）在面对目标外观突然变化时，近期的观测常常不能够涵盖突然的变化，因此容易造成跟踪失败。TLD 算法虽然存储了所有之前遇到的外观来处理突然的外观变化，但面对完全为全新的外观情况时仍存在困难。图 4—10 展示了 8 组视频序列中各种算法遇到的困难情况。如（d）girl 视频序列展示了利用旧外观模型时遇到的问题，本书中的算法在 247 帧是可以对突然的外观变化进行有效恢复，而其他算法则会发生错误。同样，（f）wonder 视频序列中行人的往复运动会对跟踪精度产生影响。

caviar

（a）*caviar* 视频序列跟踪结果

squat

（b）*squat* 视频序列跟踪结果

playground

（c）*playground* 视频序列跟踪结果

girls

（d）*girls* 视频序列跟踪结果

(e) *clutters* 视频序列跟踪结果

(f) *wander* 视频序列跟踪结果

(g) *woman* 视频序列跟踪结果

(h) *walking* 视频序列跟踪结果

图 4—10　本书算法和对比算法在 8 个视频序列上的跟踪结果

图 4—10（a）*caviar* 视频序列中目标行人发生过一次半遮挡（70 帧）和一次完全遮挡（105 – 143 帧），且遮挡发生在目标行人和与目标相似的行人之间。本书采用的方法有效地恢复了跟踪，而部分其他方法在遮挡后发生了错误跟踪。本书的跟踪框架考虑了构件的可信度和困难负样本。当部件似然概率分布的熵很高的时候，说明部件不能有效区分行人与背景；当分量构型与困难负样本分量检测结果重合时候，说明构型出现误检。在上述情况下，算法都会排除相应的部件或构型，不采用可信度不高的部件更新模型。其他算法容易在发生遮挡的区域内更新模型，不考虑当前跟踪结果的可信程度，从而发生错误跟踪。

图 4—10（b）*squat* 视频序列中，行人发生了由下蹲导致的非刚性变化，同时在此过程中也发生了全遮挡（79 – 121 帧）。本书中参与比较的其他算法均在这一过程中发生了跟踪错误。非刚性变化和遮挡同时发生的困难，使得采用整体表示对目标进行外观表现建模的算法均出现错误。而本书的算法采取多部件模型，包含了大量局

部视觉信息，可以应对较大的外观非刚性变化。同时，由于考虑了似然概率分布的熵和困难负样本，本书的算法不容易在发生遮挡，特别在遮挡物也是行人的时候，错误地对遮挡物进行更新。当行人外观的变化已经不能被现有的分量涵盖时，通过结合自顶向下的检测器可以重新找回目标，并在找回的位置重新构建新分量，对模型进行更新，因此在对应非刚性变化和遮挡时，特别在丢失目标后的恢复上，本书的方法都能够提供对目标行人有效的跟踪恢复。

图4—10（c）playground视频序列中目标行人多次发生遮挡，且遮挡物也为行人。同样地，除了本书的算法外，参加对比的各种跟踪算法均失效。当跟踪算法过度依赖检测结果，检测器在当前跟踪位置提取样本时，并没有将当前跟踪结果的可信度纳入考量，因此在连续发生遮挡后，这些算法很容易发生漂移和跟踪失败。而本书算法在进行检测时，考虑到当前模型在当前位置的可信度，能够有效地应对遮挡物是行人的情况。

图4—10（d）girls视频序列中，目标行人发生了转体产生的旋转和局部遮挡（254 - 327帧），同时摄像机的视角也发生了变化。当发生转体产生的旋转后，除了本书的算法外，其他算法均不能正确跟踪目标，部分算法发生了严重漂移并在与另一非目标行人接触后开始跟踪非目标行人。行人目标的特殊外观导致在发生旋转变化时往往产生新的外观（侧、背外观），如果不能连续地维护这些外观的变化就容易导致跟踪失败。本书算法采用的多分量可变部件模型，通过包含局部信息的部件和包含整体信息的分量，能够有效地对多种外观模型进行连续的描述，因此可以较好地处理旋转和遮挡。

图4—10（e）clutters视频序列中目标的尺度发生了变化。在复

杂场景下目标尺度的变化导致除本书外的其他比较算法都发生了错误，跟踪漂移严重。本书的方法通过三个途径在多种尺度上实现跟踪：首先，可以通过图像解析算法在不同的图像尺度上估算行人目标的位置；其次，当多分量可变部件模型不能反映当前尺度的时候，新的部件和分量会被构建，以适应尺度的变化；最后，通用行人检测器可以在多种尺度上检测到行人，在当前模型已经不能完成跟踪的时候，通过通用行人检测器可以对跟踪错误进行恢复。

图4—10（f）wondering视频序列中，行人不断变化自身的视角和尺度，但未发生明显的遮挡。可以看出，全部算法都没有发生丢失的现象，但除了本书的算法，其他算法都有漂移现象。考虑到本书的算法可以通过多分量维护多角度和多尺度的外观模型，本书的方法对于视角和尺度的变化更具有鲁棒性。而因为没有出现明显的遮挡，则各种算法对模型的更新都相对误差较小，但由于采用了方形外观框作为目标外观表示的范围，均会受到非行人背景因素的影响，将非行人背景纳入模型之中，容易产生漂移。

图4—10（g）woman视频序列中，行人目标发生多次局部遮挡，行人视角和尺度均有轻微变化，摄像机视角也发生了变化。因此在发生第一次和第二次遮挡（115－200帧）后，除本书外的其他算法均发生跟踪丢失。这是由于采取整体的模型的大多数算法，在遇到本视频序列中遮挡物的大面积的视觉特性的一致性时，在发生多次局部遮挡后，很容易针对遮挡物而更新外观模板，从而导致跟踪框偏移，发生跟踪错误。

图4—10（h）walking视频序列中，目标行人被外观特征相似的行人围绕，但没有发生遮挡的情况。参加比较的算法均没有发生跟

踪丢失的现象，但受到相似环境背景的影响，除本书算法外，其他算法均发生了漂移和抖动的情况。本书引入的困难负样本可以有效地约束相似背景对跟踪精度的影响。

多分量可变部件模型在检测目标的时候，需要满足 4.5 节中对检测似然函数 $p(X^{(t)} \mid C_i, X^{(t-1)}, Z^{(t)})$ 的低熵的限定条件，即至少一个分量 C_i 需要满足重叠率大于 0.7。因此，可变部件模型很少在不可信的样本上进行在线学习。这种特性对处理行人间的遮挡具有很好的作用。OAB 和 IVT 算法不能很好地区分跟踪的边界框内可信的样本和不可信的样本，当跟踪结果不再足够精确，或者外观框内有其他行人对初始跟踪目标进行部分或全部遮挡时，由于存储近期观测外观的算法会赋予近期外观较高的权重，容易在发生遮挡的位置采样前景的外观，跟踪结果容易出现漂移或转移。MIL 算法虽然考虑到避免在近最优正样本上学习，但其假设最优正样本一定存在的这一前提，在目标被遮挡的情况下是无法满足的。因此，上述方法在包含局部或全部遮挡的（a）caviar、（b）squat、（c）playground、（e）clutters and（g）woman 视频序列中均出现了漂移或转移。TLD 算法采用 P－N 学习方法取得了很好的跟踪能力，但由于其在外观框内采用了全局模式，如果外观框内包含的背景成分较多，TLD 的跟踪效果会显著降低。在以行人为目标的跟踪中，由于行人外观的不规则性，初始外观框内常会包含较多的背景元素，其跟踪效果受到限制。而本书算法并不单纯地采用方形边界框对目标进行建模，且考虑了精度不够精确的情况，有效地避免了上述算法容易发生的错误，有效地提高了跟踪精度。

第七节 小 结

本节提出了全新的在线行人跟踪算法，在结合自顶向下和自下向上的框架之下，采用多分量可变部件模型，对行人的多种外观进行描述，以适应行人目标由于视角、姿态和遮挡造成的外观变化。通过定量和定性对比，本书提出的算法在具有挑战性的视频序列上得到了具有说服力的效果。

第五章 结论与展望

第一节 全书工作总结

视频序列中的行人检测与跟踪是机器视觉研究领域的重点和难点。行人作为检测和跟踪的目标，具有目标非刚性、外形变化多样、姿态和观测视角变化多、常见遮挡等特性，使得相关研究具有一定的难度。本书借助跟踪目标模型相对背景的稀疏性，对检测与跟踪领域重要的特征描述、外观建模、外观变化处理三个内容，从有效描述行人目标的特征、增强外观模型的区分度和对行人形态变化进行部件建模三个角度进行了深入研究和讨论。

1. 设计能够充分描述行人外观特性的特征可以有效地提升算法性能。本书通过深度神经网络提取深度通道特征，利用深度通道特征和底层特征相结合，作为目标检测的特征在视频序列中逐帧检测行人目标。

2. 增强外观模型的区分度可以对跟踪和检测算法提供帮助。利用增加类间和类内稀疏限定条件，在一般字典学习的基础上分别构建表示类间共性的共享字典和表示类别特性的类别字典，增强字典的区分能力，提升马科夫模型的跟踪能力。

3. 针对行人外观变化建模可以帮助修正由外观变化导致的错误。本书通过对行人外观进行可变部件模型的建模，利用可变部件模型表示行人表现的视觉语法，在跟踪过程中不断在线更新部件模型，通过最大后验概率估算目标位置。通过实时模式匹配对视频序列帧中的目标图像进行标注，利用距离变换计算惩罚函数，并通过寻找惩罚函数局部极值来表示目标位置，生成跟踪目标模型，有效解决了行人外观变化对跟踪的影响。

在公共数据集上的实验表明，本书提出的行人检测与跟踪方法可以有效地对视频序列中的行人进行检测与跟踪。

第二节 未来工作

1. 深度通道特征作为在原图像变换上通过深度神经网络获取的特征，原图像变换可以是更多类型变换的结合。同时深度通道特征可以视为有先验引导的特征提取方法，其思路可以拓展到其他特征提取方法之中。

2. 利用深度神经网络构建字典。考虑到计算复杂度，本书的字典学习中采用的是以 HOG 为主的特征。随着计算能力的增强，未来可以考虑利用深度神经网络作为字典学习中获取字典的手段，获得具有中层语义信息的字典。

3. 多分量可变部件模型在描述多人情景的时候需要构建大量的分支，增加大量的计算量和内存需求。因此，需要在目前的多分量可变部件模型基础上设计一个更好的模型来替代。

4. 用一个更完整的框架完成检测与跟踪，更紧密地结合检测与跟踪，使用跟踪的结果改善检测的结果，同时更好的检测结果也可以保证更好的跟踪结果。

参考文献

[1] Yilmaz A, Javed O, Shah M. Object tracking: a survey. ACM Comput. Surv., 2006, 38 (4).

[2] Solichin A, Harjoko A, Eko A. A survey of pedestrian detection in video. International Journal of Advanced Computer Science and Applications, 2014, 5 (10).

[3] Ellis L, Dowson N, Matas J, et al. Linear regression and adaptive appearance models for fast simultaneous modelling and tracking. International Journal of Computer Vision, 2011, 95 (2).

[4] Isard M, Blake A. Condensation - conditional density propagation for visual tracking. International journal of computer vision, 1998, 29 (1).

[5] Benenson R, Omran M, Hosang J, et al. Ten years of pedestrian detection, what have we learned?. Lecture Notes in Computer Science (including subseries Lecture Notes in Artificial Intelligence and Lecture Notes in Bioinformatics). 2015, 8926.

[6] Hwang S, Park J, Kim N, et al. Multispectral pedestrian de-

tection: Benchmark dataset and baseline. Proceedings of the IEEE Computer Society Conference on Computer Vision and Pattern Recognition. 2015, 07 – 12 – June.

[7] Arthur D. C, Sergiu N. Semantic channels for fast pedestrian detection. 2016 IEEE Conference on Computer Vision and Pattern Recognition (CVPR), 2016.

[8] Dalal N, Triggs B. Histograms of oriented gradients for human detection. Proceedings – 2005 IEEE Computer Society Conference on Computer Vision and Pattern Recognition, CVPR 2005. 2005, I.

[9] Cao J, Pang Y, Li X. Pedestrian detection inspired by appearance constancy and shape symmetry. 2016 IEEE Conference on Computer Vision and Pattern Recognition (CVPR), 2016.

[10] Felzenszwalb P F, Girshick R B, Mcallester D, et al. Object detection with discriminative trained part based models. IEEE Transactions on Pattern Analysis and Machine Intelligence, 2010, 32 (9).

[11] Gu J, Wang Z, Kuen J, et al. Recent advances in convolutional neural networks. arXiv, 2015.

[12] Rastegari M, Ordonez V, Redmon J, et al. XNOR – Net: ImageNet Classification Using Binary Convolutional Neural Networks. arXiv preprint, 2016.

[13] He K, Zhang X, Ren S, et al. Deep Residual Learning for Image Recognition. Arxiv. Org, 2015, 7 (3).

[14] García – Pedrajas N, Hervás – Martínez C, Muñoz – Pérez J. COVNET: A Cooperative Coevolutionary Model for Evolving Artificial

Neural Networks. IEEE Transactions on Neural Networks, 2003, 14 (3).

[15] Tian Y, Luo P, Wang X, et al. Pedestrian Detection Aided By Deep Learning Semantic Tasks. Proceedings of the IEEE Computer Society Conference on Computer Vision and Pattern Recognition. 2015, 07 - 12 - June.

[16] Wang X, Han T X, Yan S. An HOG - LBP Human Detector With Partial Occlusion Handling. Computer Vision, 2009 IEEE 12th International Conference on, 2009 (ICCV).

[17] Wojek C, Walk S, Schiele B. Multi - Cue onboard pedestrian detection. 2009 IEEE Computer Society Conference on Computer Vision and Pattern Recognition Workshops, CVPR Workshops 2009. 2009.

[18] Ess A, Leibe B, Van Gool L. Depth and appearance for mobile scene analysis. Proceedings of the IEEE International Conference on Computer Vision. 2007.

[19] Dollár P, Wojek C, Schiele B, et al. Pedestrian detection: A benchmark. 2009 IEEE Computer Society Conference on Computer Vision and Pattern Recognition Workshops, CVPR Workshops 2009. 2009.

[20] Gerónimo D, Sappa A. D, López A., et al. Adaptive image sampling and windows classification for on - board pedestrian detection. Proceedings of the International Conference on Computer Vision Systems, 2007 (Icvs).

[21] Enzweiler M, Gavrila D M. Monocular pedestrian detection: Survey and experiments. IEEE Transactions on Pattern Analysis and Ma-

chine Intelligence. 2009, 31 (12).

[22] Ess A., Leibe B, Schindler K, et al. A mobile vision system for robust multi-person tracking. Computer Vision and Pattern Recognition, 2008. CVPR 2008. IEEE Conference on, 2008.

[23] Dollár P, Tu Z, Perona P, et al. Integral Channel Features. BMVC 2009 London England, 2009.

[24] Lim J J, Zitnick C L, Dollar P. Sketch tokens: A learned mid-level representation for contour and object detection. Proceedings of the IEEE Computer Society Conference on Computer Vision and Pattern Recognition. 2013.

[25] Walk S, Majer N, Schindler K, et al. New features and insights for pedestrian detection. Proceedings of the IEEE Computer Society Conference on Computer Vision and Pattern Recognition. 2010.

[26] Costea A D, Nedevschi S. Word channel based multiscale pedestrian detection without image resizing and using only one classifier. Proceedings of the IEEE Computer Society Conference on Computer Vision and Pattern Recognition. 2014.

[27] Paisitkriangkrai S, Shen C, Hengel A Van Den. Efficient Pedestrian Detection by Directly Optimizing the Partial Area under the ROC Curve. 2013 IEEE International Conference on Computer Vision, 2013.

[28] Comaniciu D, Ramesh V, Meer P. Real-time tracking of non-rigid objects using mean shift. IEEE Conference on Computer Vision and Pattern Recognition, 2000, 2 (7).

[29] Ross D A., Lim J, Lin R-S, et al. Incremental Learning

for Robust Visual Tracking. International Journal of Computer Vision, 2007, 77 (1-3).

[30] Kwon J, Lee K M. Tracking by sampling trackers. Proceedings of the IEEE International Conference on Computer Vision. 2011.

[31] Kwon J, Lee K M. Tracking by Sampling and IntegratingMultiple Trackers. Pattern Analysis and Machine Intelligence, IEEE Transactions on, 2014, 36 (7).

[32] Mei X, Ling H. Robust visual tracking using ℓ_1 minimization. 2009 IEEE 12th International Conference on Computer Vision, 2009.

[33] Wang Q, Chen F, Xu W, et al. Online discriminative object tracking with local sparse representation. Proceedings of IEEE Workshop on Applications of Computer Vision. 2012.

[34] Liu B, Huang J, Yang L, et al. Robust tracking using local sparse appearance model and K-selection. Cvpr 2011, 2011.

[35] Babenko B, Belongie S. Visual tracking with online Multiple Instance Learning. 2009 IEEE Conference on Computer Vision and Pattern Recognition, 2009.

[36] Kalal Z, Mikolajczyk K, Matas J. Tracking-learning-detection. IEEE Transactions on Pattern Analysis and Machine Intelligence, 2012, 34 (7).

[37] Lecun Y, Bottou L, Bengio Y, et al. Gradient Based Learning Applied to Document Recognition. Proceedings of the IEEE, 1998, 86 (11).

[38] Lecun Y, Bengio Y. Convolutional networks for images,

speech, and time series. The handbook of brain theory and neural networks, 1995, 3361 (April 2016).

[39] He Y, Dong Z, Yang M, et al. Visual Tracking Using Multi – stage Random Simple Features. 2014 22nd International Conference on Pattern Recognition. 2014.

[40] Ngiam J, Koh P, Chen Z, et al. Sparse Filtering. . NIPS, 2011.

[41] VINCENT H L Y B, P A M. Extracting and Composing Robust Features with Denoising Autoencoders. Proceedings of the Twenty – fifth International Conference on Machine Learning. 2008.

[42] Hinton G E, Osindero S, Teh Y – W. A Fast Learning Algorithm for Deep Belief Nets. Neural Computation, 2006, 18 (7).

[43] Zhang S, Benenson R, Schiele B. Filtered channel features for pedestrian detection. Proceedings of the IEEE Computer Society Conference on Computer Vision and Pattern Recognition. 2015, 07 – 12 – June.

[44] Yang B, Yan J, Lei Z, et al. Convolutional channel features. Proceedings of the IEEE International Conference on Computer Vision. 2016, 11 – 18 – Dece.

[45] Dollar P, Appel R, Belongie S, et al. Fast feature pyramids for object detection. IEEE Transactions on Pattern Analysis and Machine Intelligence, 2014, 36 (8).

[46] Dollár P, Wojek C, Schiele B, et al. Pedestrian detection: An evaluation of the state of the art. IEEE Transactions on Pattern Analysis and Machine Intelligence, 2012, 34 (4).

［47］ Viola P, Jones M J, Snow D. Detecting pedestrians using patterns of motion and appearance. International Journal of Computer Vision, 2005, 63 (2).

［48］ Appel R, Belongie S, Perona P, et al. Fast Feature Pyramids for Object Detection. In Proceedings of the International Conference on Machine Learning (ICML), 2013.

［49］ Sermanet P, Kavukcuoglu K, Chintala S, et al. Pedestrian Detection with Unsupervised Multi－stage Feature Learning. 2013 IEEE Conference on Computer Vision and Pattern Recognition. 2013.

［50］ Zhang S, Bauckhage C, Cremers A B. Informed haar－like features improve pedestrian detection. Proceedings of the IEEE Computer Society Conference on Computer Vision and Pattern Recognition. 2014.

［51］ Felzenszwalb P F, Girshick R B, Mcallester D. Cascade object detection with deformable part models. Proceedings of the IEEE Computer Society Conference on Computer Vision and Pattern Recognition. 2010.

［52］ Benenson R, Mathias M, Tuytelaars T, et al. Seeking the strongest rigid detector. Proceedings of the IEEE Computer Society Conference on Computer Vision and Pattern Recognition. 2013.

［53］ Nam W, Dollár P, Han J H. Local Decorrelation For Improved Detection. Nips, 2014.

［54］ Ouyang W, Zeng X, Wang X. Modeling Mutual Visibility Relationship in Pedestrian Detection. Computer Vision and Pattern Recognition (CVPR), 2013 IEEE Conference on. 2013.

[55] Dollar P, Belongie S, Perona P. The Fastest Pedestrian Detector in the West. Procedings of the British Machine Vision Conference 2010. 2010.

[56] Dollár P, Appel R, Kienzle W. Crosstalk cascades for frame-rate pedestrian detection. Lecture Notes in Computer Science (including subseries Lecture Notes in Artificial Intelligence and Lecture Notes in Bioinformatics). 2012, 7573 LNCS (PART 2).

[57] Benenson R, Mathias M, Timofte R, et al. Pedestrian detection at 100 frames per second. Proceedings of the IEEE Computer Society Conference on Computer Vision and Pattern Recognition. 2012.

[58] Wu Y, Ma B, Yang M, et al. Metric Learning Based Structural Appearance Model for Robust Visual Tracking. Circuits and Systems for Video Technology, IEEE Transactions on, 2014, 24 (5).

[59] Yao R, Shi Q, Shen C, et al. Part-based visual tracking with online latent structural learning. Proceedings of the IEEE Computer Society Conference on Computer Vision and Pattern Recognition. 2013.

[60] Mei X, Hong Z, Prokhorov D, et al. Robust Multitask Multiview Tracking in Videos. IEEE Transactions on Neural Networks and Learning Systems, 2015, 26 (11).

[61] Wang L, Ouyang W, Wang X, et al. Visual tracking with fully convolutional networks. Proceedings of the IEEE International Conference on Computer Vision. 2016, 11-18-Dece.

[62] Ma C, Huang J Bin, Yang X, et al. Hierarchical convolutional features for visual tracking. Proceedings of the IEEE International Conference on Computer Vision. 2016, 11-18-Dece.

[63] Zhang L, Lu H, Du D, et al. Sparse Hashing Tracking. Tip, 2015, 7149 (c).

[64] Yang F, Jiang Z, Davis L S. Online Discriminative Dictionary Learning for Visual Tracking. Applications of Computer Vision (WACV), 2014 IEEE Winter Conference on. 2014.

[65] Wang D, Lu H, Yang M H. Least soft - threshold squares tracking. Proceedings of the IEEE Computer Society Conference on Computer Vision and Pattern Recognition. 2013.

[66] Wang Q, Chen F, Xu W, et al. Object tracking with joint optimization of representation and classification. IEEE Transactions on Circuits and Systems for Video Technology, 2015, 25 (4).

[67] Jia X, Lu H, Yang M H. Visual tracking via adaptive structural local sparse appearance model. Proceedings of the IEEE Computer Society Conference on Computer Vision and Pattern Recognition. 2012.

[68] Zhong W, Lu H. Robust Object Tracking via Sparsity - based Collaborative Model. 2012 IEEE Conference on Computer Vision and Pattern Recognition, 2012.

[69] Wang N, Wang J, Yeung D Y. Online robust non - negative dictionary learning for visual tracking. Proceedings of the IEEE International al Conference on Computer Vision. 2013.

[70] Xue M, Haibin L, Yi W, et al. Minimum error bounded efficient ℓ_1 tracker with occlusion detection. Computer Vision and Pattern Recognition (CVPR), 2011 IEEE Conference on. 2011.

[71] Li H, Shen C, Shi Q. Real - time visual tracking using com-

pressive sensing. IEEE Conf. Computer Vision and Pattern Recognition (CVPR), 2011.

[72] Bao C, Wu Y, Ling H, et al. Real time robust L1 tracker using accelerated proximal gradient approach. Proceedings of the IEEE Computer Society Conference on Computer Vision and Pattern Recognition. 2012.

[73] Bai Q, Wu Z, Sclaroff S, et al. Randomized ensemble tracking. Proceedings of the IEEE International Conference on Computer Vision. 2013.

[74] Zhang K, Zhang L, Yang M – H. Real – Time Compressive Tracking. Lecture Notes in Computer Science (including subseries Lecture Notes in Artificial Intelligence and Lecture Notes in Bioinformatics), 2012, 7574 LNCS (PART 3).

[75] Danelljan M, Khan F S, Felsberg M, et al. Adaptive color attributes for real – time visual tracking. Proceedings of the IEEE Computer Society Conference on Computer Vision and Pattern Recognition. 2014.

[76] Kwon J, Lee K M. Visual tracking decomposition. Proceedings of the IEEE Computer Society Conference on Computer Vision and Pattern Recognition. 2010.

[77] Hare S, Saffari A, Torr P H S. Struck: Structured output tracking with kernels. Proceedings of the IEEE International Conference on Computer Vision. 2011.

[78] Wu Y, Lim J, Yang M H. Online object tracking: A benchmark. Proceedings of the IEEE Computer Society Conference on Computer

Vision and Pattern Recognition. 2013.

[79] Babenko B, Yang M - H, Belongie S. Robust Object Tracking with Online Multiple Instance Learning. IEEE Transactions on Pattern Analysis and Machine Intelligence, 2011, 33 (8).

[80] Kalal Z, Matas J, Mikolajczyk K. P - N learning: Bootstrapping binary classifiers by structural constraints. Proceedings of the IEEE Computer Society Conference on Computer Vision and Pattern Recognition. 2010.

[81] Kalal Z, Matas J, Mikolajczyk K. Online learning of robust object detectors during unstable tracking. 2009 IEEE 12th International Conference on Computer Vision Workshops, ICCV Workshops 2009. 2009.

[82] Ojala T, Pietikäinen M, Mäenpää T. Multiresolution gray - scale and rotation invariant texture classification with local binary patterns. IEEE Transactions on Pattern Analysis and Machine Intelligence, 2002, 24 (7).

[83] Pele O, Werman M. Robust real - time pattern matching using bayesian sequential hypothesis testing. IEEE Transactions on Pattern Analysis and Machine Intelligence, 2008, 30 (8).

[84] Laskov P, Gehl C, Krueger S, et al. Incremental Support Vector Learning: Analysis, Implementation and Applications. Journal of Machine Learning Research, 2006, 7.

[85] Felzenszwalb P F, Huttenlocher D P. Distance Transforms of Sampled Functions. Cornell Computing and Information Science Technical Report TR20041963, 2004, 4.

[86] Grabner H, Grabner M, Bischof H. Real-Time Tracking via On-line Boosting. Proceedings of the British Machine Vision Conference, 2006, 1.

[87] Arora, S., Ge, R., Moitra, A. New algorithms for learning incoherent and overcomplete dictionaries. arXiv preprint, arXiv: 1308.6273, 2013.

[88] Barchiesi, D., Plumbley, M. D. Learning incoherent dictionaries for sparse approximation using iterative projections and rotations. TSP, 2013, 61 (8).

[89] Candes, E., Romberg, J. Sparsity and incoherence in compressive sampling. Inverse Problems, 2007, 23 (3).

[90] Yuwei Wu, Mingtao Pei, Zhen Dong, Jian Zhang, and Yunde Jia. Manifold kernel sparse representation of symmetric positive definite matrices. IEEE Transactions on Circuits and Systems for Video Technology (TCSVT), 2014.

[91] Silveira G, Malis E. Real-time visual tracking under arbitrary illumination changes. Proceedings of the IEEE Computer Society Conference on Computer Vision and Pattern Recognition (CVPR), 2007.

[92] Wu Y, Cheng J, Wang J, et al. Real-time probabilistic covariance tracking with efficient model update. IEEE Transactions on Image Processing, 2012, 21 (5).

[93] Allili M S, Ziou D. Objectof Interest Segmentation and Tracking by Using Feature Selection Active Contours. Proceedings of the IEEE Computer Society Conference on Computer Vision and Pattern

(CVPR), 2007.

[94] K. Cannons. A Review of Visual Tracking. Technical Report CSE2008-07, York University, Canada, 2008.

[95] X. Li, W. Hu, C. Shen, Z. Zhang, A. Dick, and A. Hengel. A survey of appearance models in visual object tracking. TIST, 2013.

[96] D. R. Martin, C. C. Fowlkes, and J. Malik. Learning to detect natural image boundaries using local brightness, color, and texture cues. IEEE Transactions on Pattern Analysis and Machine Intelligence, 2004, 26 (5).

[97] P. P'erez, C. Hue, J. Vermaak, and M. Gangnet. Color-based probabilistic tracking. In ECCV, 2002.

[98] Y. Wu, H. Ling, J. Yu, F. Li, X. Mei, and E. Cheng. Blurred target tracking by blur-driven tracker. In ICCV, 2011.

[99] M. Yang, Y. Wu, and G. Hua. Context-aware visual tracking. IEEE Transactions on Pattern Analysis and Machine Intelligence, 2008, 31 (7).

[100] Pedro F. Felzenszwalb, Ross B Girshick, David McAllester, and Deva Ramanan. Objectdetection with discriminatively trained part-based models. IEEE Transactions on Pattern Analysis and Machine Intelligence, 2010: 32 (9).

[101] Piotr Dollár, Boris Babenko, Serge Belongie, Pietro Perona, and Zhuowen Tu. Multiple component learning for object detection. European Conference on Computer Vision, 2008.

[102] Martin Schiegg, Philipp Hanslovsky, Bernhard X. Kausler,

Lars Hufnagel, Fred A. Hamprecht. Conservation tracking. Proceedings of the IEEE International Conference on Computer Vision 2013.

［103］D. W. Park, J. Kwon and K. M. Lee. Robust visual tracking using autoregressive hidden markov model. Proceedings of 2012 IEEE International Conference on Computer Vision and Pattern Recognition, 2012.

［104］X. Song, T. Wu and Y. Xie. Learning global and reconfigurable configurations of deformable part-based models for object detection. Proceedings of 2012 IEEE International Conference on Multimedia and Expo., 2012.

［105］T. K. Kim, T. Woodley, B. Stenger and R. Cipolla. Online multiple classifier boosting for object tracking. Proceedings of 2010 IEEE International Conference on Computer Vision and Pattern Recognition Workshop, 2010.

［106］Wu, Yuwei, Pei, Mingtao, Yang, Min. Robust discriminative tracking via landmark-based label propagation, IEEE Transactions on Image Processing, Vol. 24, MAY 2015.

［107］Yi Xie, Mingtao Pei, Jiangen Zhang, Meng Meng, Yunde Jia. Tracking pedestrian with incrementally learned representation and classification model, Journal of Information Science and Engineering, 2014, Vol. 30.

［108］M. Grabner, H. Grabner and H. Bischof. Learning features for tracking. Proceedings of 2007 IEEE International Conference on Computer Vision and Pattern Recognition, 2007.

［109］S. Li, M. Shao, and Y. Fu. Cross-view projective dictionary learning for person re-identification. International Joint Conference on Artificial Intelligence, 2015.

[110] G. Liu, Y. Yan, E. Ricci, Y. Yang, Y. Han, S. Winkler, and N. Sebe. Inferring painting style with multi-task dictionary learning. International Joint Conference on Artificial Intelligence, 2015.

[111] Q. Qiu, V. Patel, and R. Chellappa. Information-theoretic dictionary learning for image classification. IEEE Transactions on Pattern Analysis and Machine Intelligence, 2014, 36 (11).

[112] N. Zhou and J. Fan. Jointly learning visually correlated dictionaries for large-scale visual recognition applications. IEEE Transactions on Pattern Analysis and Machine Intelligence, 36 (4), April 2014.

[113] Q. Zhang and B. Li. DiscriminativeK-SVD for dictionary learning in face recognition. In Proceedings of the IEEE Computer Society Conference on Computer Vision and Pattern Recognition (CVPR), 2010.

[114] D. Wang, H. Lu, and M.-H. Yang. Least soft-threshold squares tracking. In CVPR, 2013.

[115] A. Shabou and H. LeBorgne. Locality-constrained and spatially regularized coding for scene categorization. Proceedings of the IEEE Computer Society Conference on Computer Vision and Pattern Recognition (CVPR), 2012.

[116] Z. Jiang, Y. Wang, L. Davis, W. Andrews, and V. Rozgic. Learning discriminative features via label consistent neural network. arXiv preprint, arXiv: 1602.01168, 2016.

[117] S. Lazebnik, C. Schmid, and J. Ponce. Beyond bags of fea-

tures: spatial pyramid matching for recognizing natural scene categories. Proceedings of the IEEE Computer Society Conference on Computer Vision and Pattern Recognition (CVPR), Vol. 2, 2006.

[118] A. Smeulders, D. Chu, R. Cucchiara, S. Calderara, A. Dehghan and M. Shah. Visual tracking: an experimental survey. IEEE Transactions on Pattern Analysis and Machine Intelligence, 36 (7), 2014.

[119] A. Adam, E. Rivlin, and I. Shimshoni. Robust fragments - based tracking using the integral histogram. IEEE Conf. Computer Vision and Pattern Recognition (CVPR), 2006.

[120] E. Erdem, S. Dubuisson, and I. Bloch. Fragments based tracking with adaptive cue integration. Computer Vision and Image Understanding, 2012.

[121] Q. Wang, F. Chen and W. Xu. Tracking by third - order tensor representation. IEEE Transactions on Systems, Man, and Cybernetics, Part B: Cybernetics, 2011.

[122] Ge, R., Shan, Z. & Kou, H., An intelligent surveillance system based on motion detection. Multimedia Technology (IC - BNMT 2011). Available at: http://ieeexplore.ieee.org/document/6155946/.

[123] Hattori, H. et al., Learning scene - specific pedestrian detectors without real data. 2015 IEEE Conference on Computer Vision and Pattern Recognition (CVPR). Available at: http://ieeexplore.ieee.org/document/7299006/.

[124] Ma, Y. et al., 2016. Pedestrian Detection and Tracking from Low - Resolution Unmanned Aerial Vehicle Thermal Imagery. Sensors, 16

（4）. Available at：http：//www.mdpi.com/1424-8220/16/4/446.

［125］林伯强："电力消费与中国经济增长：基于生产函数的研究",《管理世界》2003年第11期,第18—27页。

后　记

随着世界反恐形势愈加严峻，中国作为领土面积广阔、民族成分众多、经济发展存在一定程度不平衡的国家，很难置身于新形态恐怖活动之外。目前，针对恐怖主义的成因、发展和相关应对政策的研究已经获得广泛重视，特别是在中国，针对相关领域的研究也在逐步深入。同时，将新信息技术应用于反恐工作的专门性论著还相对较少，将计算机视觉应用于反恐领域的研究更少。随着基础设施建设和安全防范设备部署的不断完善，暴恐现场视频监控信息控逐渐成为反恐信息获取的主要手段，代替人类工作为目的计算机视觉技术用于反恐等突发事件应急响应具有特殊的优势，本书即撰写于这一背景之下。本书试图通过运用计算机视觉技术中的行人检测和行人跟踪于反恐侦查，提出视频反恐技术框架，并着力解决计算机视觉领域监测与跟踪算法的部分技术问题。本书部分章节来源于作者在北京理工大学委托培养攻读博士学位期间撰写的博士论文。

在本书即将出版之际，回顾学习和研究的过程中，从明确研究方向和思路，从解决具体问题到后续研究的拓展，所战胜的每一个困难，所取得的点滴进步，都得益于导师谆谆的教诲和不倦的指导；

都得益于优秀团队彼此间的交流协作和鼎力支持;都得益于单位领导及同事的关心和厚爱。因此,深深致谢导师贾云得教授、裴明涛副教授;深深致谢谢易博士、武玉伟博士、贺洋博士生和谷红岩硕士生及诸位同学;深深致谢曹诗权校长、杜彦辉教授、刘为军教授及各位专家委员、成员。

本书由中国人民公安大学网络空间安全与法制协同创新中心资助出版。

图书在版编目（CIP）数据

反恐背景下的信息技术革新研究：以视频序列中的行人检测与跟踪为例/刘钊著. —北京：时事出版社，2017.8
ISBN 978-7-5195-0106-8

Ⅰ.①反… Ⅱ.①刘… Ⅲ.①信息技术—技术革新—研究 Ⅳ.①G202

中国版本图书馆CIP数据核字（2017）第107561号

出 版 发 行：时事出版社
地　　　址：北京市海淀区万寿寺甲2号
邮　　　编：100081
发 行 热 线：（010）88547590　88547591
读者服务部：（010）88547595
传　　　真：（010）88547592
电 子 邮 箱：shishichubanshe@sina.com
网　　　址：www.shishishe.com
印　　　刷：北京市昌平百善印刷厂

开本：787×1092　1/16　印张：9.75　字数：114千字
2017年8月第1版　2017年8月第1次印刷
定价：60.00元

（如有印装质量问题，请与本社发行部联系调换）